中澳 FTA 对中新贸易的影响研究

A Study on the Effect of Sino—Aus FTA on
trade between China and New Zealand

孙人极　著

上海三联书店

目　录

表目录

图目录

摘　要

　　新西兰和澳大利亚同属于大洋洲,由于气候、地理、环境等原因,两国的资源禀赋相对比较接近,在国际分工和贸易地位上存在一定的重叠。2015 年 6 月中国与澳大利亚正式签署双边自由贸易协定。考虑到澳大利亚的经济体量远超新西兰,中澳贸易的规模也远高于中新贸易规模,中澳贸易自由化可能会对中新贸易产生一定影响。

　　本书重点研究了中澳贸易自由化的影响,具体包括中新与中澳贸易的比较分析、中澳贸易自由化的 GTAP 模拟分析、中澳贸易对中新贸易影响的实证检验以及中澳关税削减对中新贸易影响的双重差分检验。通过以上的分析,本书研究发现:

　　长期以来,中新与中澳贸易规模基本保持高速增长,虽然由于经济体量的差异,中澳贸易规模明显高于中新贸易规模,但在总体趋势上两者基本保持同向变动。从行业上看,新西兰和澳大利亚对中国出口的都是其最具有比较优势的产品。基于贸易强度指数的分析也显示,两国与中国贸易强度指数的趋势是非常一致的。

接着,基于 1996—2015 年的 UN Comtrade 贸易数据,我们实证检验了中澳贸易对中新贸易的影响。我们发现,中国对澳大利亚出口贸易额的增加会推动中国对新西兰的出口贸易额的增加,而中国对澳大利亚进口贸易额的增加也会推动中国对新西兰的进口贸易额的增加。总体来说,中澳贸易对中新贸易确实存在一定的互补性影响。

随后,我们基于最新 GTAP 数据库模拟分析中澳贸易自由化的影响,我们发现中澳贸易自由化会使中国、新西兰以及澳大利亚的 GDP 产生小幅增长,进出口以及福利水平也有明显上升。行业产出上看,新西兰的乳制品以及澳大利亚的羊毛制品产出将会出现明显上升,中国的羊毛制品和乳制品产出下降,纺织品产出则有所上升。

最后,考虑到中澳自贸协定对于不同行业的关税减免存在差异,我们采用双重差分模型直接检验中澳贸易自由化对中新贸易的影响。我们先对中澳关税削减与中新贸易的关系进行事件分析,结果显示无论是中国对新西兰商品的是否进口、进口规模以及贸易增量,在中澳实施关税削减后的中新贸易与基准期相比均有显著提升,而其余时间的中新贸易与基准期相比并无显著差异。

我们进一步检验中澳关税削减对中新贸易的影响,结果发现对于中新是否进口、进口规模以及贸易增量,中澳关税削减都显著促进了中新贸易。我们还检验了中澳关税削减幅度对中新贸易的影响,结果发现对于中新是否进口、进口规模以及贸易增量,中澳关税削减幅度越大,中新贸易的增长越显著。总体上,双重差分的结果表明,中澳关税减免对中新进口有明显正面作用,从而为中澳贸易自由化促进中新贸易提供了直接的经验证据。

近年来,全球范围的经贸合作不断加强,各种双边和多边自贸区的建立使得人们越来越关注自贸区的潜在影响。本书的研究表明,中澳贸易自由化对临近的新西兰不会产生负面影响,甚至还会促进中新贸易的发展。这一结论对中国、新西兰以及澳大利亚等其他国家的贸易政策制定和实施也都有一定借鉴意义。

关键词:贸易自由化,中澳贸易,中新贸易,贸易强度指数,双重差分模型

中图分类号:F740,F741

Abstract

Due to various reasons such as geographic location, climate, environment etc. , the two oceanic countries namely Australia and New Zealand share rather similar endowments, thus overlaps in terms of global specialization and trade are inevitable. The China-Australia free trade agreement was finalized and signed on June 2015. The Australian economic scale and trade volume with China is gigantic when compared with that of New Zealand. Therefore, this Sino-AUS agreement may impose possible impact on Sino-NZ trade.

This dissertation focuses on the effect of trade liberalization between China and Australian. It comprises of comparative studies of Sino-NZ and Sino-AUS trade, GTAP simulation of China-Australia FTA, empirical studies on the effect of Sino-AUS trade on Sino-NZ trade and difference in difference analysis on the effect of tariff changes between China and Australia on New Zealand. The main findings are listed as the followings:

Historically, Sino-NZ and Sino-AUS trade have maintained an increasing trend. Due to their absolute scale differences, Sino-AUS trade volumes is much higher than Sino-NZ trade volumes. However, the overall trend can be seen as simultaneous and positively correlated. From a sectoral perspective, major exports from New Zealand and Australia to China are all from the industries with comparative advantages. The trend of various trade indexes of New Zealand and Australia also share a similar trend.

Our GTAP simulation has shown that trade liberalization between China and Australia will cause a small increase in GDP of China, New Zealand and Australia. Both import and export volumes show significant increase as well as wealth. New Zealand's dairy product output and Australia's wool output has shown a considerable rise. China's dairy and wool output will decrease and textile output will elevate.

Using panel data of 1996 to 2015 from UN Comtrade database, we have tested the effect of Sino-AUS trade on Sino-NZ trade empirically. The results have shown that as China increase its export to Australia, its export to New Zealand will also rise. The import side was the same story. Overall, there is empirical evidence suggesting there is complementarity between Sino-NZ and Sino-AUS trade.

We have then tested the effect of tariff reductions between China and Australia on Sino-NZ trade. Regardless of what we held as dependent variable (import or not, total import volume, increase of import), we found that tariff reduction between China and Australia will boost all these variables. We have also conducted a same empirical study on the actual degree of tariff reduction of each commodity. We found that the higher the tariff reduction between China and Australia is, the higher the Sino-NZ trade is. Overall, the DID analysis has provided direct evidence of China-Australia FTA has a positive influence on Sino-NZ trade.

Recently, economic collaboration within a global scale has strengthened significantly. More people have shown an interest in hidden effects of FTAs. Our research has shown that trade liberalization between China and Australia not only will not hinder their neighbor in close proximity, but also enhance Sino-NZ trade. This result will provide valuable information for New Zealand, China and Australia in terms of policy settings.

Key Words: Trade Liberalization, Sino-NZ Trade, Sino-AUS trade, Trade Intensity Index, DID
CLC: F740, F741

1

绪论

1.1 研究背景

近年来,越来越多的国家与地区开始意识到在世界贸易组织(WTO)框架下的所谓"最优"的自由贸易政策有着一些不可避免的缺点和局限性。因此,区域性的自由贸易协定(Free Trade Agreement,简称 FTA)作为"次优"的政策则开始获得更多的重视,FTA 现在已成为当前国际贸易中不可或缺的组成部分。亚洲各国的 FTA 谈判虽然起步相对较晚,但是在过去的十多年中这些亚洲国家与地区正在以极快的速度不断地迎头赶上世界的步伐。据统计,截至 2014 年 7 月至少涉及一个亚洲国家或地区的 FTA 协定共有 278 项,其中双边 FTA 协定占据 3/4,其余为多边协定。

现如今,世界上各个国家和地区所签订的自由贸易协定中多数都包含亚洲国家。鉴于各类区域性自由贸易协定在亚洲的蓬勃发展以及中国的国际影响力和政治经济地位的不断上升,中国与大洋洲主要国家所签订的具有里程碑意义的自由贸易协定则显得尤为重要。

自 20 世纪 70 年代末期以来,中国的经济就一直保持着良好的上升势头。中国的 GDP 从 2001 年起的年平均增长率超过了9%,近年来中国经济增速虽然有所放缓,但在 2010 年超越日本后成为世界第二大经济体。随着全球贸易自由化的背景下,近年来中国与他国建立自由贸易区的步伐逐渐加快。复杂的国与国之间的利益博弈导致了多边自由贸易区与经济一体化的目标较难达成,相比之下双边的自由贸易协定(Free Trade Agreement,简称FTA)的灵活性使其成为了自由贸易领域中的热点。截止到 2015年 12 月,中国已经签署了 14 份涵盖澳大利亚、新西兰、哥斯达黎加、秘鲁、瑞士、冰岛、新加坡、巴基斯坦、智利、韩国以及东盟等地区的双边自由贸易协定。

中国在作为新西兰最重要的移民、国际学生以及游客提供方的同时也与新西兰有着良好的贸易关系。1997 年 8 月隶属OECD 国家的新西兰率先与中国达成了双边"入世"协议。2004

年 4 月 14 日[①]时任新西兰总理的海伦克拉克女士在新西兰首都惠
灵顿宣布新西兰成为发达国家中首个完全承认中国市场经济地位
的国家,并同时签署了《中国-新西兰贸易和经济合作框架协定》,
此后中新两国开始了长达 4 年之久的双边自由贸易谈判与可行性
研究。经过 15 轮冗长的谈判,2008 年 4 月 7 日中新两国在北京正
式签署《中华人民共和国政府和新西兰政府自由贸易协定》,并在
同年 10 月开始实施,该协定是中国与西方发达国家所签署的第一
个 FTA。得益于此协定,中新两国间的贸易额此后年均保持 20%
以上的增长。中国也分别在 2012 年和 2014 年相继超越美国和澳
大利亚,成为新西兰的最大贸易伙伴国。

近年来,中国与澳大利亚两国之间贸易规模也增长迅速,目前
澳大利亚已经成为中国的第七大贸易伙伴国。中国与澳大利亚的
自由贸易协定谈判起始于 2005 年 4 月,稍晚于新西兰。中澳自由
贸易谈判历时 10 年,2014 年 11 月,时任中国国家主席习近平与
时任澳大利亚总理阿博特确认了中澳两国的自由贸易谈判实质性
结束,中澳双方就协议内容达成共识。正式的中澳自贸协定则于
2015 年 6 月签署,并在同年开始实施。与中国其他的自由贸易协
定相比较,中澳自贸协定整体贸易自由度较高,双边关税减免幅度

---

① 来源于新西兰先驱报商务版 2004 年 4 月 16 日。

较大,协定涵盖了投资、货物与服务等多个领域,其中澳大利亚方面更承诺在协议签署的 5 年后对 100% 的中国产品实施免税政策。

从地理位置上看,新西兰和澳大利亚同属于大洋洲,两国在气候、地理、环境等方面非常接近,这也导致两国的资源禀赋比较接近,从而在国际分工和贸易地位上有一定的重叠。考虑到澳大利亚的经济体量远超新西兰,中澳贸易的规模也远高于中新贸易规模,因此,中澳双边自贸区的建立可能会对中国与新西兰的贸易产生一定的影响。

1.2 研究意义

早在 19 世纪前期,中国就已经开始和新西兰进行贸易往来。中新两国于 1972 年 12 月 22 日正式建交,长期以来一直保持着良好的双边关系。由于同属大洋洲地区,新西兰与澳大利亚两国禀赋相近,但新西兰的经济规模比澳大利亚相差甚远,而且澳大利亚还拥有新西兰所不具备的能源和矿产资源优势。因此,许多新西兰民众以及出口企业担心中澳 FTA 会对本国经济产生负面影响。

而且考虑到澳大利亚与新西兰存在着较为特殊的跨塔斯曼海峡旅行协议(Trans Tasman Travel Agreement),该协议允许两国公民自由地在对方国内居住以及工作并享受福利,新西兰与澳大利亚可被视为近似公民共享的两个国家。因此,中澳 FTA 在给澳大利亚带来的贸易、经济、就业与投资机会的增长同时也可能加剧新西兰方面的人才流失。

目前国内聚焦于中新以及中澳贸易的研究不多,现有文献更多关注中国与欧美日等传统发达国家的贸易问题。近年来,全球越来越多的国家和地区间开始签订双边乃至多边 FTA,这种趋势也使得更多的研究开始关注贸易自由化的溢出影响。不过,目前已有文献对贸易自由化的影响研究更多集中讨论竞争性作用,从进口视角的分析讨论相对较少。本书的研究围绕中澳贸易自由化展开,重点分析中澳贸易自由化对中新贸易的影响,研究结果不仅对理解中国与澳大利亚和新西兰的贸易关系具有重要意义,也为分析贸易自由化的溢出效应提供新的视角和经验证据。

1.3 研究思路与方法

本书在对前期文献和有关理论详细梳理的基础上,采用比较分析、动态模型分析、实证分析等多种方法综合研究了中澳贸易自由化对中新贸易的影响,具体如下:

1. 比较分析:通过对各类贸易强度指数、显示性比较优势指

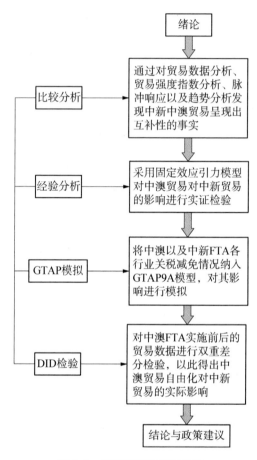

图 1.1　研究思路与框架结构

数等的计算和分析,对比分析中新贸易与中澳贸易的现状与趋势关系。

2. 动态模拟分析:基于可计算一般均衡模型,采用最新版本的 GTAP 数据库对中澳贸易自由化的影响,特别是对中新澳三国的经济、产出、贸易和福利水平进行动态模拟分析。

3. 实证分析:以拓展的引力模型为基础,采用面板模型、工具变量等多种实证模型检验中澳贸易对中新贸易的影响,同时还采用双重差分模型直接检验中澳关税减免的影响。

1.4　主要内容

本书研究的主题是中澳贸易自由化对中新两国贸易的影响,全文共分为七个章节,论文逻辑以及具体的结构安排如下:

第一章,绪论:本章对论文的选题背景、研究意义、研究方法、整体逻辑以及创新和不足进行概括。

第二章,国内外文献述评:本章从区域经济一体化、贸易自由化对经济的影响、中新和中澳贸易研究以及双边贸易自由化对第三方的影响等方面对前期文献进行了梳理,从而为后续研究提供了理论和文献支持。

第三章,中新与中澳贸易比较分析:本章首先对中新澳三边贸易现状、特征以及未来展望进行详细描述与分析,并对中新澳三国贸易情况进行事实描述。随后,采用了各类贸易强度指数以及显示性比较优势指数等方法对新澳两国对中国的主要进出口产品的竞争力与中新澳三国贸易情况进行了详尽的分析,从而发现了中新与中澳整体贸易以及各类贸易指数存在同向性的事实。

第四章,中澳贸易对中新贸易影响的实证检验:本章中我们基于 1996—2015 年的 UN Comtrade 贸易数据,采用多种实证分析方法,详细检验了中澳贸易对中新贸易的影响。实证结果显示,中国对澳大利亚出口贸易额的增加会推动中国对新西兰的出口贸易额的增加,而中国对澳大利亚进口贸易额的增加也会推动中国对新西兰的进口贸易额的增加。总体来说,中澳贸易对中新贸易确实存在一定的互补性影响。

第五章,基于 GTAP 模型的中澳贸易自由化影响模拟分析:本章中我们使用最新的 GTAP 9.0a 数据库模拟后中澳贸易自由化的影响。根据中澳自贸协定,我们在模型中设置具体的行业关税变化,通过模拟分析中澳贸易自由化对各国 GDP、产出、贸易以及福利水平的影响。模拟结果显示,中澳贸易自由化对中新贸易具有正向互补性影响,对新西兰的 GDP、产出和福利也有一定的正面影响。

第六章,中澳贸易自由化对中新贸易影响的实证检验:本章中我们基于双重差分模型对中澳关税削减与中新贸易的关系进行直接检验,通过中澳关税减免事件分析、中澳关税削减对中新贸易影响以及中澳关税削减幅度对中新贸易的影响,从三方面直接检验中澳贸易自由化对中新贸易的影响。结果显示,中澳贸易自由化对中新贸易确实存在互补性影响,而且这种作用对中美、中欧以及中日贸易都不显著。

第七章,结论:本章对全文的研究内容进行总结梳理,并据此提出有关的政策建议。

1.5　创新点与不足之处

本书的创新点主要体现在以下三点:

一、由于中国在国际贸易中的比较优势特点,已有研究往往更关注中国与传统的欧美日等发达国家贸易关系。而新西兰和澳大利亚作为全球重要的资源和农业国,其对中国的长期经济发展具有重要战略意义。针对中国与澳大利亚在近期正式签订的双边自贸协定,本书重点研究了中澳贸易自由化对中新贸易的影响。本书的研究对于理解中国与澳大利亚和新西兰的贸易关系以及中国参与双边自由贸易的溢出和影响具有重要意义。

二、对于贸易自由化的溢出效应,已有研究主要考虑的还是竞争性作用,即贸易自由化对缔约国与其他国家的贸易可能会有负面影响。但是贸易的影响并不仅仅来自出口方,进口的需求变化对贸易的影响也非常重要,本书基于中澳贸易自由化的研究发现其对中新贸易具有正向的溢出效应。本书的结论对贸易自由化的影响研究提供了新的视角和经验证据。

三、长期以来,由于丰富的劳动力资源,中国的对外贸易基本以出口导向为主。不过,近年来由于全球市场的疲软、国内劳动力成本的上升等原因,中国的出口增速明显减缓,对中国贸易问题的研究也更多的关注进口方面(裴长洪,2013)。本书我们围绕中澳贸易自由化,重点探讨了中澳与中新进口贸易的影响,也是对当前中国进口贸易研究的丰富和补充。

本书的不足之处主要有两点:

一、本书中我们对中澳贸易自由化的双差分模型检验,出于稳健性考虑我们采用不同的样本期进行了检验,但由于中澳双边自贸协议签订于2015年,这使得我们的事后样本期确实偏短。未来随着时间的推进,我们可以采用更长的样本期做对比分析,从而使实证结果更加可靠。

二、本书中我们重点检验了中澳贸易自由化对中新贸易的影响,事实上贸易自由化的影响是多方面的,我们基于 GTAP 的模拟结果分析了中澳贸易自由化对主要国家经济、贸易、产出和福利的影响,但在实证部分限于数据和篇幅,我们仅讨论了对贸易的影响。随着中澳贸易自由化的不断推进,我们在以后的研究中可以进一步检验其对产出、福利等方面的影响。

2

国内外文献综述

2.1 区域经济一体化的相关研究

2.1.1 区域经济一体化理论

现代贸易理论普遍认为,自由贸易能降低贸易成本,从而使参与各方获益。从理论发展的进程来看,自由贸易理论先后经历了亚当·斯密的绝对优势理论、大卫·李嘉图的比较优势理论、赫尔歇尔-俄林-萨缪尔森的要素禀赋理论、克鲁格曼的产业内贸易理论,目前主要是以 Melitz(2003)为代表的基于企业微观数据分析的"新新贸易理论"。

实践中,最能体现自由贸易理论的就是区域经济一体化。区域经济一体化是指,两个或两个以上的国家或地区制定互相削减贸易壁垒的协定。根据一体化的程度不同,制定的优惠贸易协定通常可以分为自由贸易区(Free Trade Area,简称 FTA)、关税同盟(Custom Union)、共同市场(Common Market)以及经济同盟(Economic Union)等形式。

具体来说,自由贸易区是指成员国互相实施零关税政策,但对自贸区外的国家保留独立制定税率的权利;关税同盟要求成员国制定统一的对外税率;共同市场是在关税同盟的基础上实现各要素流动自由化;经济同盟则包括同盟内实施一致的宏观经济政策等,其属于更高一级别的经济一体化形式。

区域经济一体化的终极目标是增加福利,传统贸易理论认为,通过实施全球性的自由贸易可以最大化效率并达到帕累托最优。但在现实世界中,由于政治、经济、历史、文化等原因导致存在关税、配额、补贴等各类贸易壁垒,全球性的自由贸易几乎不可能实现。因此,在有限的国家和地区之间实施经济一体化,被视为接近于自由贸易的"次优"选择。

Lawrence(2000)认为,一些经济行为在世界范围内实施是最好的,但是也有一些经济行为在有限的区域内,比如单一国家或是小范围的国际组织中实施才是合理的选择。在无法实施全球性自由贸易的情况下,小范围的自由贸易区有可能会使总体情况变得更好(也许更差),但总体上深化经济一体化目前基本被看作是可能的"最优"的选择。

对于自由贸易的溢出效应和作用,Viner(1950)在对关税同盟理论的研究中阐述了贸易转移效应(Trade Diversion Effect)和贸易创造效应(Trade Creation Effect),这也成为此后许多学者研究自由贸易的重要基础。贸易创造效应是指,当关税同盟成员国之间削减关税等贸易壁垒后,各类贸易成本会随之大幅度下降,各国会根据自身的禀赋和优势进行优化生产和分工,从而极大地提升生产效率以及产出,创造出的更多贸易流量也能提高各参与国的福利。

不同于贸易创造效应,贸易转移效应是指关税同盟内的国家把原本从具有较低生产成本的同盟外国家进口某产品的行为转移到进口具有较高生产成本的关税同盟内国家的产品。当发生贸易转移效应时,消费者要为相同的产品支付更高的价格,同时关税同盟内的低效率生产者取代了同盟外的高效率生产者,显然贸易转移效应对同盟内外各方的福利都将产生负面效应。

只有当贸易创造效应大于贸易转移效应时,经济一体化整体上才是有益的(Viner,1950)。具体来说,当一个关税同盟满足同盟前关税较高且不具有歧视性质,同盟后对外关税较低,特定成员国可以高效地生产某些产品,要素流动相对自由以及成员国的社会、政治、经济、文化、偏好等参数较为接近等一系列条件时,贸易创造效应会超越贸易转移效应,进而提升整体福利水平。

在具体分析经济一体化的影响时,考虑到局部均衡分析可能存在的问题,Meade(1955)提出了一般均衡分析模型,并从国际收支平衡的视角上分析了关税同盟的影响。该研究分析了关税同盟能够导致福利上升的可能情形,并尝试分离出它使福利下降的原因。Meade(1955)指出除了贸易转移效应以外,自由贸易区也容易产生贸易偏转效应(Trade Deflection Effect),即成员国可利用税差来进行投机交易。例如,成员国向区外进口替代性高的产品并向区内其他成员国出口等。显然,贸易偏转效应与贸易转移效应都是导致福利下降的重要原因。

Meade(1955)的模型显示,只有当贸易创造效应大于贸易转移效应和贸易偏转效应时,参与国的福利才会上升。但该模型存在两点重要缺陷:一方面,该模型中如果有一方受益,必然同时会有其他方受损;另一方面,该模型仅讨论了关税边际变化对贸易的影响,但实际中关税的瞬时变化往往会极大,尤其是当关税同盟或自由贸易区形成后(Lipsey,1960)。因此,在构建一般均衡模型分析时,这两点是需要着重考虑的。

此后的研究中,Ju & Krishna(1996,2000)分析指出,贸易创造效应、贸易转移效应以及贸易偏转效应可以共存,而且自由贸易区带来的使福利上升的贸易创造效应总体上要大于使福利下降的贸易转移和贸易偏转效应。此外,由于自由贸易区的次优性,进口贸易额与福利并不一定会同时上升或下降,由关税、配额等贸易壁垒下降带来的进口贸易额增加并不是参与国福利上升的充要条件。

对自由贸易区关税削减问题的研究也是经济一体化理论研究的一个重点。Richardson(1995)通过一个博弈模型指出,由于贸易转移以及区外关税收入的竞争,自由贸易区内两国单方面削减关税会略微增加本国福利,并且很有可能使得对区外地区的关税也有所下调,FTA 的建立会导致一个零关税纯策略纳什均衡或是没有均衡策略。不过 Richardson(1995)的模型中仅包含关税这一项变量作为 FTA 的参数,事实上除了关税以外用以调节 FTA 的政策手段还有许多。

Bagwell & Staiger(1997)进一步对关税同盟中各国的多边关税政策进行了分析。他们的博弈模型考虑了各国政府单方面放弃关税合作以获取现在的利益以及进行关税合作获取长期利益之间的决策问题。不同于之前 Richardson(1995)的研究结论,Bagwell & Staiger(1997)认为关税同盟所带来的关税削减只是一种暂时的效应。在关税同盟形成的初期以及转型期低关税是可行的,但当同盟真正形成之后,各国会有动力提高关税以扩大自身的利益。

016 中澳 FTA 对中新贸易的影响研究

2.1.2　区域经济一体化实证

目前,对于区域经济一体化的实证研究主要采用的是引力模型(Gravity Model)。在过去的半个世纪中,引力模型被广泛用来解释自由贸易协定、边境效应、货币一体化、移民、语言等因素对双边贸易的影响。例如,通过引入双边关税、真实汇率等变量,Bhattacharya & Bhattacharyay(2006)模拟了调整关税的影响,结果表明中印双边自由贸易的签订对两国都有利,其中印度因削减关税导致的关税收入减少要小于其对中国出口的增加。

类似的,我国学者刘育红等(2014)在研究时引入了交通基础设施和交通密度变量,以考察交通状况对贸易的影响。基于2001—2011年"新丝绸之路"上的17个城市的贸易数据,刘育红等(2014)实证发现,交通基础设施的建设确实显著促进了城市间的贸易行为,这也进一步证明了地理距离是影响贸易成本的重要因素。

需要注意的是,在对区域经济一体化进行实证研究时,内生性问题是一个不容忽视的难题。对此,Anderson & van Wincoop(2003)提出,在实证分析时采用非线性最小二乘法进行估计。但Feenstra(2004)认为,由于多边贸易存在阻力,使用地区固定效应模型就能有效解决内生性的问题,Carre`re(2004)在实证研究时就采用了这一方法。通过引入地区哑变量以控制不同地区可能存在的不可观测影响,Carre`re(2004)发现,绝大多数区域性贸易协定都显著促进了自贸区内参与国之间的贸易,而且其影响效应要高于传统引力模型的估计,不过区域内贸易的提升同时会损害区域外其他国家的利益。

估计两国之间的贸易流量时,Baier 和 Bergstrand(2009)指出普通引力模型忽略了两地间的贸易成本以及其他地区的规模、价格等因素的影响。对此,刘育红等(2014)通过引入交通基础设施和交通密度变量,具体考察了交通状况对贸易的影响。基于2001—2011年"新丝绸之路"上的17个城市的贸易数据,刘育红等(2014)实证发现,交通基础设施的建设确实显著促进了城市间的贸易行为,这也进一步证明了地理距离是影响贸易成本的重要因素。

此外,赵颖(2015)通过构建的 VAR 模型对东亚区域经济一体化问题进行了实证检验,结果显示东盟各国若转为内需型经济以及在对中国的出口中增加最终产品的比例,将更加有助于促进区域内的整体贸易水平。

2.2　贸易自由化对参与国经济的影响

除了对传统贸易理论的研究分析,许多文献也探讨了贸易自由化对经济的影响。比如,Krueger(1997)分析了关税同盟以及双边自由贸易协定的区别,她认为 FTA 会造成更多的贸易转移效应,而且自由贸易协定形成后,既得利益方将会有动力阻碍进一步的贸易开放。因此,关税同盟一定比 FTA 更接近帕累托最优。

通常来说,贸易自由化会提高参与国的经济、产出、福利等。比如,Tan & Cai(2010)对中新自贸区建立影响的模拟结果显示,得益于两国出口产品关税的削减和中国不断增长的需求,中新自贸区建立对新西兰的正福利效应尤为显著。中国在获得更多优质的新西兰产品的同时,其自身的纺织品等制造业商品也会得到大幅度的优惠,其福利水平也会明显改善。李碧芳和肖辉(2010)、张燕(2015)对中澳建立自贸区的模拟结果也显示,两国的贸易水平将会有显著提高。

贸易的增加往往伴随收入水平的增加和生活水平的提升,但是这并不意味着它们与贸易之间存在因果关系(Frankel & Romer,1999)。对此,Frankel & Romer(1999)使用地理距离和国家面积等作为工具变量对此进行了实证分析。结果显示,贸易规模每增加1%,人均 GDP 至少会上升 1.5%。因此,Frankel & Romer(1999)认为国际贸易刺激了人力资源和物理资源的积累,从而使各国的收入水平都有所提高。

与 Frankel & Romer(1999)类似,Baier & Bergstrand(2006)

也认为跨国贸易研究中广泛采用 40 年之久的引力模型,在分析贸易对经济的影响时会产生严重的内生性、联立性等问题,因此不能简单地接受相似文献中建立自由贸易区会增加双边贸易的结论。基于面板数据对 FTA 建立前后的平均因果效应进行了无偏估计,Baier & Bergstrand(2006)发现,FTA 建立后的 10 年期间参与国的双边贸易平均增长了 98%,即使在不考虑福利效应的前提下,FTA 的建立也确实会使双边贸易大幅增长。

此外,还有一些学者认为 FTA 在扩大参与国的贸易总量以及提高福利的同时,也可能会对经济带来一些负面影响。以美国与加拿大 1988 年签署的双边 FTA 为例,在此后的 5 年间加拿大一共损失了 390,600 个工作机会。Gaston & Trefler(1997)对比了美加 FTA 所带来的减税、经济衰退、高利率、加元强势、去工业化以及加拿大人工生产率的下降等因素对失业的影响。结果显示,FTA 带来的减税效应对失业的影响要小于 15%,而其他因素对失业的解释要超过 85%。因此,由于 FTA 带动进口导致国内市场的竞争的增加,并由此造成失业,这一理论可能存在一定的缺陷,而且在 1989—1993 年间,加拿大对美国的真实进口额也呈现下降趋势。

考虑到 FTA 对经济的种种影响,是否以及何时建立 FTA 也是各国需要重点考虑的。一般来说,这主要取决于当时各潜在参与国的经济条件。Baldwin & Jaimovich(2012)认为,绝大多数自由贸易协定的签署并不完全是为了追寻更好的贸易条件和更高的国民福利,FTA 更像是传染病或是多米诺骨牌一样在世界上蔓延开来。通过对 1977—2005 年 113 个国家的数据分析,Baldwin & Jaimovich(2012)发现,许多 FTA 签署的动因其实是出于"防御性"考虑,即两国之间签署 FTA 主要是为了减少本国和第三国签署的其他 FTA 对本国产生的贸易歧视性影响。

对于 FTA 到底是全球自由贸易的绊脚石还是基础组成部分也一直存在着争论。Chen & Joshi(2010)对 78 个国家在 1991—2005 年间的 3 003 个 FTA 进行实证分析,结果显示,两国在同时与第三国存在现有 FTA 的情况下,互相签订新 FTA 的可能性要更大。对此,Chen & Joshi(2010)认为在本国已有 FTA 的情形下,签订新 FTA 所带来的国内市场冲击会相对较小;若本国在没有现存 FTA 的情形下签订新 FTA,出口带来的好处也会减少。这也说明"第三国效应"或某国现有 FTA 对该国是否签署其他 FTA 具有至关重要的影响。

此外,Saggi & Yildiz(2011)采用博弈模型对两类贸易自由化的博弈(第一类博弈是指参与国可自由选择不签订 FTA、与一国签订 FTA 或者与两国签订 FTA,第二类博弈是指不允许单纯的双边 FTA)进行了研究,结果显示,在某些特定情况下博弈要达到多边自由贸易的均衡,参与国能够自由组建双边 FTA 是一个必要条件。

2.3 中新和中澳贸易的相关研究

2004 年 4 月 14 日,时任新西兰总理的海伦-克拉克女士宣布新西兰完全承认中国的市场经济地位①,并且开始长达 4 年之久的双边自由贸易可行性研究。经过 3 年 15 轮艰难的谈判,2008 年 4 月 7 日中新双边自贸协议在北京签署。由于新西兰的经济总量较小,在国际贸易市场上的影响力非常有限,所以 2004 年以前的有关新西兰与中国之间贸易的文献并不多,得益于双边自由贸易协定的影响,相关文献才得以逐渐涌现。

最早有关中新两国自由贸易的正式研究报告是由新西兰外交与贸易部所撰写的(NZ MFTA,2005),该报告认为中新两国之间的自由贸易协定将对两国经济产生正面影响。两国除了可以享受关税与非关税壁垒以及投资限制的削减所带来的福利以外,签证政策的放宽也会对作为教育和旅游输出国的新西兰产生巨大的正面效应,特别是新西兰高等教育对中国的输出会产生巨大的增长。

---

① 新西兰也是发达国家中首个完全承认中国市场经济地位的国家。

　　同时,该报告也列举了一些新西兰国内各利益团体对中新自由贸易区的担忧。例如,新西兰服装联盟担心中新自贸区可能带来大量的廉价中国服装进口,从而对本地的服装生产带来巨大冲击;新西兰本国民众对于中国企业大量投资与收购当地本土产业也有一定抵触情绪。

　　通过计算中新双边贸易强度指数(Trade Intensity Index)、贸易互补性指数(Trade Complementarity Index)以及显示性比较优势指数(Revealed Comparative Advantage),张寒和聂影(2008)分析认为中新两国彼此互为对方重要的贸易伙伴,双方在除矿业、能源等少数产业以外的大多数行业具有很强的贸易互补性。显然,中新自由贸易协定的签署将有利于提升两国的福利水平。

　　此外,Bano(2014)还计算了中新两国的产业内贸易强度指数(Intra Industry Trade Index)和贸易互惠指数(Trade Reciprocity Index)。基于此,Bano(2014)发现近年来中新两国产业内贸易增长迅速,两国贸易虽仍然集中在各自传统优势行业中,但是为了迎合消费者需求,这些优势行业之间的贸易逐渐进一步细化到某些特定产品之间的贸易。中新两国之间虽未达到贸易平衡,但贸易互惠指数呈现出无明显趋势走向的最佳状况。而且,新西兰民众原本担忧的特定行业萎缩、大规模失业以及新西兰经济受控于中国等实际上也没有出现。

除了对中新贸易整体情况的研究,一些学者也针对部分特殊行业进行了研究。其中,Wang & Parsons(2010)在通过需求弹性分析中国的乳制品需求时发现,中国的奶粉、酸奶以及液体奶的主要进口来源地为新西兰、澳大利亚和美国,并且未来中国对这些乳制品的需求量将会持续上升。这一结论也得到了刘李峰和武拉平(2006)、王艳红(2009)以及 Hyde(2015)等研究的支持。

奇异果一直是新西兰的出口支柱产品之一,Bano(2012)在对其出口竞争力进行研究时发现,原本新西兰与智力的奇异果产业一直在全球处于垄断地位,但从 2005 年起,中国也开始大量生产和出口奇异果,这与新西兰的奇异果形成了直接竞争关系。中国生产的奇异果不仅产量很高,而且具有广泛的种植地域,不过中国奇异果的显示性比较优势指数一直不高。对此,Bano(2012)认为中新自由贸易协定的签署将对两国奇异果产业造成较大冲击,这对于新西兰来说可谓机遇和挑战并存。

2005 年 4 月 18 日,在新西兰承认中国完全市场经济地位的一年后,澳大利亚也宣布承认中国的完全市场经济地位,这也标志着中澳自贸区的可行性研究和谈判正式开始。但与中新自贸协议相比,中澳自贸协定谈判面临的难度和阻力显然要大得多。历时将近 10 年时间,2014 年 11 月 17 日中国国家主席习近平和澳大利亚总理阿伯特终于在堪培拉宣布中澳自贸协定谈判实质性结束。

作为大洋洲最大的经济体,澳大利亚的自然禀赋与新西兰类似,不过由于其巨大的经济体量,澳大利亚在国际贸易中的地位显然是新西兰不能相比的。从已有文献上看,聚焦中澳贸易的研究也明显多于探讨中新贸易的研究,而且对中澳贸易的研究视角也更加广泛。

在分析比较了中澳两国的贸易结构后,Findlay & Song(1996)认为,两国的禀赋与比较优势是推动中澳双边贸易的原动力。而杜运苏(2007)、贾利军(2011)以及曾倩和邱晓丹(2011)基于双边贸易强度指数和显示性比较优势指数的研究结果显示,中澳两国优势产品的重叠性极小。其中,中国在纺织品、皮革、家居、仪器自动化设备等领域具有比较优势,而澳大利亚则在动植物原料以及金属矿砂等领域具有比较优势。中澳两国的贸易由产业间贸易主导,两国存在显著稳定的贸易互补关系。

王璠(2010)基于贸易份额指数(Trade Share Index)、贸易强度指数以及 Baldwin(2003)构造的 HM 指数分析了中澳两国之间贸易的相互依赖程度。结果显示,自 2000 年起中澳两国的贸易份额指数稳步上升,表明两国贸易依存关系上升。不过中国对澳大利亚的贸易强度指数呈现下降趋势,中国对澳大利亚的 HM 指数保持在 0.012 和 0.013 之间,而澳大利亚对中国的 HM 指数则从

0.06 上升至 0.14，这也表明中国对澳大利亚市场的依赖度较低[①]。

通过调查 2 100 家和中国有贸易往来的澳大利亚企业，Webster & Yong(2008)发现，对于其中的绝大多数企业来说，尽管中国存在比较严重的知识产权问题，但这并不是它们决定是否与中国企业进行贸易往来的最大顾虑，中国的政策调整与政府透明度要重要得多。显然，对澳大利亚的企业来说，与中国企业进行贸易往来的好处明显超过因中国知识产权问题所带来的损失。

对于中澳两国的自由贸易谈判，Yang(2008)认为谈判的过程之艰难、持续时间之久，其原因并非双方缺乏谈判的动力，而是中澳两国在政策和利益上存在冲突。事实上，对中国来说，澳大利亚丰富的矿产资源对中国具有重要战略意义，通过与其达成自贸协议，中国能够保证以稳定价格进口所需的战略资源(铁矿石等)，这显然有利于中国经济的长期稳定发展。对澳大利亚来说，通过与中国达成自由贸易协议，澳大利亚的企业也能利用贸易壁垒消除后更大的比较优势，在广大的中国市场上获取更多利益。

Cheng(2008)站在中国的视角，分析了中澳贸易的现状以及双方自贸谈判中的战略。通过对各项贸易指数的分析，Cheng

[①] 由于中国对澳大利亚铁矿石的依赖度很高，而中国具有优势的劳动密集型产品又有较大的可替代性，因此，在谈判时中国并没有利用澳大利亚对自身依赖度高而处于有利地位。

(2008)认为,由于中澳两国要素禀赋不同,优势产业具有互补性,双边贸易显然对两国都有益。不过中澳自由贸易区的成立在显著推动澳大利亚经济发展的同时,可能会对中国某些行业造成一定的负面影响,比如农产品行业等。总体来说,中澳自贸区对中国经济发展的影响较小,对中国而言,能以稳定的价格从澳洲获取稀缺的铁、铜以及锰等原材料,其所包含的战略意义要远大于自贸区的实际经济影响。

类似于对中新贸易的研究,也有一些中澳贸易研究专注于分析某些特定的行业。刘李峰和刘合光(2006)采用格鲁贝尔-劳埃德指数(Grubel and Lloyd Index)研究了中澳之间的农产品贸易。结果显示,在两国农产品的产业间贸易中,澳大利亚主要向中国出口动植物产品、羊毛等资源/土地密集型产品,而两国农产品的产业内贸易主要发生在饮料、食品等加工农产品等资本或劳动密集型行业中。

蔡海龙(2012)、张跃和刘恩财(2013)以及田秀等(2016)等也采用了类似的指数方法分析了中澳之间农产品的互补性与竞争力。这些研究结果都表明,中澳两国之间农产品优势类型很少有重叠,具有明显的互补性,两国应加强贸易往来,而澳大利亚的农产品总体竞争优势远超于中国。

总体上看,中澳的农产品贸易符合两国自身的资源禀赋特征。

而刘李峰和刘合光(2006)基于赫芬达尔-赫希曼指数(Herfindahl-Hirschman Index)的贸易集中度分析显示,中国的进口集中度要远大于出口,这说明澳大利亚农产品的出口优势巨大,而中国对澳大利亚出口产品的优势相对一般。

此外,邵桂兰和王仕勤(2011)对中澳两国之间的水产品贸易进行了分析,结果显示,中澳两国之间水产品产业内贸易水平较低,澳大利亚对水产品的技术壁垒较高,这在一定程度上限制了中国的水产品出口。Tcha & Wright(1999)对中国铁矿石进口的研究发现,中国经济的快速增长导致了对钢铁需求的急剧上升,这提高了中国对澳大利亚铁矿石的进口,由此推进了两国的贸易关系。Zhao & Wu(2007)在分析中国能源进口时发现,中国工业的快速增长以及交通部门的发展使得中国对能源的需求大大增加,国际原油价格对与中国能源相关性较弱,这对澳大利亚来说是一个利好消息。

2.4 中澳贸易自由化的溢出效应

在有关贸易自由化溢出效应的研究中,可计算一般均衡模型(Computable General Equilibrium,CGE Model)一直受到广泛的应用,其中最具代表性的例子是莫纳什多国模型以及美国普渡大学所研发的 GTAP 模型。考虑到本书研究的主题,这里我们仅综述有关中澳贸易自由化溢出效应的已有文献。

基于莫纳什多国模型,Mai *et al.*(2005)模拟了中澳自贸区建立的各种经济影响。结果显示,由于中澳自贸区使两国之间的关税大幅度削减,中澳两国的贸易条件得到改善,两国的实际 GDP 也都有小幅的增长。从世界范围看,全球的进口总量较未建立中澳自贸区的情形有所上升,但全球其他地区对中国出口和对澳大利亚的进口却分别下降了 0.1% 与 1.6%,中澳两国外的其他国家真实 GDP 也无明显变化。

杨军等(2005)采用 GTAP 模型,模拟了中澳两国建立自由贸易区的经济影响,其模型包括 18 种主要商品和 10 个主要国家。模拟结果显示,中澳自贸区的建立将提高两国的福利,大规模扩大双边贸易总量。澳大利亚的农业与工业部门都将受益,中国的工业部门受益的同时农业部门会受到一定的负面影响。但是,中澳自贸区的建立会使日本、韩国以及欧盟等国家的福利有较大幅度下降。

周曙东等(2006)也同样采用了 GTAP 模型对中澳自贸区建立后的经济影响进行了分析。研究结果显示,中澳自贸区的建立尽管有利于两国自身的贸易、产出,但对于资源禀赋类似澳大利亚的新西兰来说,中澳自贸区的建立具有较大负面影响。具体来说,中澳贸易自由化后,新西兰的 GDP 会下降约 0.14%,而新西兰和欧盟的乳制品对中国出口将下降约 14%。

　　基于等价变换(EV)的福利分析是研究自贸区影响的重要手段,等价变换的具体定义为自由贸易区建立后保持各国福利保持不变所需要给予或索取的收入数量。Siriwadana(2006)对于中澳自贸区模拟的结果显示,在建立中澳自贸区后,中澳两国的 EV 值均为正,即两国的福利都因自贸区建立而增加。但对于其他国家和地区,除中国香港外,其 EV 的值都为负,即自贸区外国家和地区的福利基本上都下降了。不过总体上,贸易创造效应还是超过了贸易转移效应,即世界的总福利还是提高了。

　　类似的,Siriwardana & Yang(2008)也采用 GTAP 模型分析了中澳自贸区建立后的福利效应。模拟结果表明,中澳自贸区的建立对东盟国家、日本、中国台湾、韩国等的真实 GDP 和出口造成了负面影响,总体上这些国家和地区的福利也都有所减少。

　　考虑到对具体产业的影响,Yu *et al.* (2010)重点分析了中澳自贸区建立对乳制品行业的影响。模拟结果显示,中澳自贸区建立后,中国的乳制品行业会有所收缩,澳大利亚的乳制品行业会明显扩张。对此,作者认为中国需要逐步开放乳制品行业,提高整体技术水平并提供适当的补贴,以此减低自贸区对乳制品行业所带来的负面冲击。文中还特别讨论了对新西兰的溢出效应,由于新西兰与澳大利亚的出口结构相似性较高,中澳自贸区建立后,新西兰的各行业产出会有所下降,且新西兰对中国的乳制品出口会下降约 1.7 亿美元。此外,受到中澳自贸的影响,美国对中国的乳制品出口也会下降 30% 左右。

尽管已有文献的分析大多采用 CGE 模型框架,但有学者也指出该模型存在一些问题。比如,Van Hoa(2008)认为各类冲击、经济危机、市场结构的改变以及政策改革等因素会对贸易、福利等造成重大影响,而 CGE 模型并不能能很好体现这些冲击。对此,Van Hoa(2008)建立了包含财政政策、货币政策、汇率、冲击等变量的广义引力模型来分析中澳两国贸易对经济增长的影响。

而 Sheng 和 Song(2008)将中澳两国的各类产品的 RCA 指数作为变量对引力模型进行修正,使模型包含除传统引力模型所涵盖的距离、国家大小等变量以外的影响因素。通过对中澳两国之间的双边贸易进行研究,作者发现贸易壁垒的下降会使两国福利小幅上升,其中澳大利亚的福利上升更为明显。此外,文章也讨论了中澳贸易对其他地区的影响,结果显示中澳之间贸易关系的加强会使中国对世界市场的出口显著增加。

2.5 总结与述评

通过对国内外有关文献的详细梳理,可以看到目前对于自由贸易的理论和实证分析前期已经积累了相当的研究成果,对于贸易自由化的影响也有不少研究进行讨论。随着近年来国际间合作的不断深化,对贸易自由化的理论和实践也在不断推进。从贸易自由化的前期文献来看,这一领域在以下几方面仍然值得进一步的研究和探讨:

第一,对于贸易自由化的影响,目前的研究主要还是关注对参与国的影响,对双边乃至多边贸易自由化的溢出效应,前期的讨论还比较有限,而且也主要集中在基于可计算一般均衡模型的GTAP模拟分析。这种基于一般均衡模型的分析固然能够避免局部均衡框架下忽视不同市场的联动和影响,但可计算一般均衡本身严格的模型假设也很难保证其对现实的准确描述,其模拟结果通常只能为研究分析提供有限的支持。

第二,对于贸易自由化的溢出效应,目前的研究主要考虑的还是竞争性影响,即双边或多边贸易自由化虽然促进了缔约国之间的贸易往来,但由于国际贸易的竞争性影响,贸易自由化对缔约国与其他国家的贸易往往会有负面的冲击和影响。但是贸易的影响并不仅仅来自出口方,进口的需求变化对贸易的影响也非常重要,贸易自由化是否会因对进口需求的影响而改变对与其他的贸易关系,对此问题的经验证据目前还很欠缺。

第三,由于中国本身的比较优势特点,此前的研究重点关注中美、中欧、中日甚至中韩的贸易关系,而对中国与澳大利亚特别是中国与新西兰的贸易研究相对偏少。目前,中国与新西兰和澳大利亚已经相继签订双边自由贸易协定,而且新西兰和澳大利亚作为全球重要的资源和农业国,他们对于中国在外贸上具有重要的战略意义,未来如何进一步发展与这两国的贸易往来对中国长期来说意义深远。

基于此,本书我们重点研究中澳贸易自由化对中新贸易的影响,通过对中澳贸易和中新贸易的比较分析、数值模拟、回归分析以及双重差分检验等多种方法,找到中澳贸易自由化对中新贸易影响的切实证据。本书不仅为贸易自由化的溢出效应提供来自中新澳的经验证据,对于中国、新西兰等国家的贸易政策制定和实施也有一定借鉴意义。

3

中新与中澳贸易比较分析

3.1　新西兰和澳大利亚地理经济环境

　　新西兰和澳大利亚是南太平洋上重要的两个国家。从地理位置上看,新西兰位于太平洋的西南侧,国土面积 26.9 万平方公里。新西兰由北岛、南岛、斯图尔特岛以及一些其他小岛组成,南岛和北岛占总面积的 99％。新西兰境内多山地和丘陵,占其总面积的75％以上。目前,新西兰全国共有 464 万人,其中绝大多数为欧洲移民后裔,占总人口的 74％;其次是本地毛利人,占总人口的15％;此外,亚裔也达到 12％的比例。

　　澳大利亚则位于太平洋西侧,距离新西兰约 1 500 公里。澳大利亚的国土面积达到 761.8 万平方公里,在全球国土面积排第

6 位。其是由澳洲大陆,塔斯马尼亚岛以及众多较小岛屿所组成的。澳大利亚广袤的国土上分布了各类地形,例如东北部的热带雨林、南部的山地以及中部大面积的沙漠等。目前,澳大利亚总人口约 2 400 万,是新西兰总人口的 5 倍。其中,绝大多数人口分布在东南沿海地带,中部沙漠地区由于干旱少雨,其人口密度极低。

在经济上新西兰主要依靠国际贸易,特别是其本土农产品的出口。2015 年新西兰的食品类出口占其出口总量的 59.1%,特别是乳制品以及各类水产品的贸易增速较快。羊毛类产品自 19 世纪开始,直到 20 世纪 60 年代一直都是新西兰出口规模最大的产品。但近年来其出口第一的地位已经被乳制品所取代,目前,新西兰恒天然公司贡献了全球市场上高达 30% 的乳制品出口,是全球最大的乳制品出口企业。

与新西兰不同,澳大利亚在经济上的全球影响力要大得多。2015 年澳大利亚 GDP 为 1.2 万亿美元,在全球排第 13 位。澳大利亚的能源和矿产资源极其丰富,是全球最大的天然气和煤矿生产国之一,也是全球重要的铁矿石和黄金出口国。此外,与新西兰类似,澳大利亚的农产品出口也十分强劲。2015 年澳大利亚的农产品出口占其出口总量的 18.55%,其中牛肉等肉类出口占25.9%,小麦出口占 13.4%,乳制品出口占 5.8%,羊毛制品出口占 4.54%。

3.2　中国与新西兰贸易描述分析

3.2.1　中国与新西兰贸易总体分析

早在 19 世纪前期,中国就已经开始与新西兰进行贸易往来。一个多世纪以来,新西兰一直是传统西方国家中与中国保持友好关系的国家之一。而且由于本身巨大的经济规模,中国对于所有贸易导向国家与地区都是非常重要的伙伴(王岩等,2012)。

近 5 年来,中国相继超越美国和澳大利亚,已然成为新西兰最大贸易伙伴。由于新西兰的经济发展非常依靠出口贸易,因此新西兰对中国的依赖程度很高。不过作为一个仅有 450 万人口的小国,新西兰与中国的贸易额对中国来说,其贸易占比则非常有限。

图 3.1 描述了 2015 年新西兰与主要伙伴国的贸易占比,从中我们可以看出,无论是进口还是出口,中国与新西兰的贸易占比都是最高的。新西兰对中国的进口占新西兰总进口的19.56%,新西兰对中国的出口占新西兰总出口的 17.58%。除中国以外,澳大利亚、美国、日本和韩国都是新西兰重要的贸易合作伙伴。

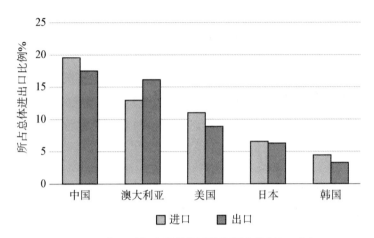

图 3.1 新西兰与主要伙伴国的贸易占比(2015 年)

数据来源：United Nations Commodity Trade Statistics Database。

表 3.1 新西兰与中国贸易的规模(1989—2015 年)

年份	进口(M)	出口(X)	贸易总量(X+M)	净出口(X−M)
1989	95.11	174.69	269.8	79.58
1990	113.61	90.46	204.07	−23.15
1991	160.72	162.67	323.39	1.95
1992	242.89	192.82	435.71	−50.07
1993	292.54	212.25	504.79	−80.28
1994	388.25	337.83	726.08	−50.42
1995	493.83	348.15	841.97	−145.68
1996	548.16	367.28	915.44	−180.87
1997	676.1	389.44	1065.53	−286.66
1998	588.92	354.73	943.65	−234.19
1999	754.94	330.05	1 084.99	−424.9

续表

年份	进口(M)	出口(X)	贸易总量(X+M)	净出口(X−M)
2000	870.68	422.51	1 293.2	−448.17
2001	927.22	567.08	1 494.3	−360.15
2002	1 205.41	662.76	1 868.17	−542.65
2003	1 663.06	801.02	2 464.08	−862.04
2004	2 242.77	1 156.21	3 398.98	−1 086.55
2005	2 838.41	1 103.82	3 942.23	−1 734.58
2006	3 222.41	1 214.46	4 436.87	−2 007.95
2007	4 122.26	1 439.15	5 561.41	−2 683.1
2008	4 565.4	1 805.99	6 371.4	−2 759.41
2009	3 856.21	2 280.04	6 136.24	−1 576.17
2010	4 814.32	3 431.08	8 245.4	−1 383.24
2011	5 787.16	4 647.72	10 434.88	−1 139.43
2012	6 248.99	5 555.17	11 804.16	−693.81
2013	6 867.01	8 124.51	14 991.51	1 257.5
2014	7 199.91	8 304.51	15 504.42	1 104.6
2015	7 109.1	6 007.84	13 116.94	−1 101.26

数据来源：United Nations Commodity Trade Statistics Database；单位：Million $US。

接下来，我们重点关注中国与新西兰的贸易发展情况。表 3.1 详细描述了 1989 到 2015 年新西兰对中国的进口、出口、贸易总量以及进出口规模。从中我们可以看出，在近二十多年中，中国与新西兰的贸易基本保持快速增长。在 1989 年，新西兰对中国的进口仅 0.95 亿美元，出口也只有 1.75 亿美元。在 2015 年，新西兰对中国的进口已达到 71.1 亿美元，出口也达到 60.1 亿美元，进口和出口分别是 1989 年的 74.8 倍和 34.3 倍。如果我们对此计算复合年均增长率,可以得到 1989—2015 年新西兰对中国进口的复合年均增长率为 19.52%,而新西兰对中国出口的年均复合增长率也有 15.12%。

图 3.2 更直观地描述了 1989—2015 年中国与新西兰的贸易量变化。从中我们可以看到,在进入 21 世纪之前,新西兰对中国的进口和出口规模整体趋势上比较平缓。2001 年中国正式加入WTO,得益于相关贸易条款的实施,中新两国间的经贸合作日渐加强。2001—2007 年新西兰对中国的进口和出口规模都呈现高速增长趋势。随后,受到 2008 年全球金融危机以及新西兰夏季罕

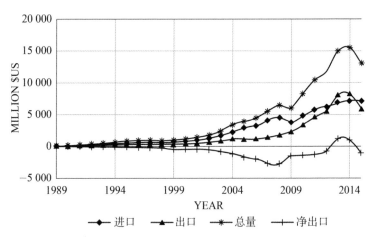

图 3.2　新西兰与中国贸易的规模(1989—2015 年)

见干旱天气的影响,2009 年新西兰对中国的进口有所减少,但出口仍保持高速增长。此后,新西兰对中国的进口恢复增长,但在 2015 年新西兰对中国的进口和出口都出现下滑,这很可能与最近中国的经济增速放缓有关。

最后,我们进一步计算了 1990—2015 年的新西兰对中国进口、出口以及贸易总量的增长率,表 3.2 描述了具体结果。从中我们可以看出,总体上新西兰对中国的贸易基本保持了高速增长,除了个别年度的增长率为负,大部分时间,新西兰对中国的贸易都保持了两位数增长。值得注意的是,所有年份中有两年新西兰对中国进口和出口都是负增长,一是 1998 年新西兰对中国进口和出口增长率分别为−12.9% 和−8.9%,显然这很可能是亚洲金融危机导致的;二是 2015 年新西兰对中国进口和出口增长率分别为−1.3% 和−27.6%,出口的增长率降幅更明显,而这很可能就是中国经济增速放缓所导致的。

表 3.2　新西兰与中国贸易的增长率(1990—2015 年)

年份	进口(M)	出口(X)	贸易总量(X+M)
1990	19.5	−48.2	−24.36
1991	41.5	79.8	58.47
1992	51.1	18.5	34.79
1993	20.4	10.1	15.86

续表

年份	进口(M)	出口(X)	贸易总量(X+M)
1994	32.7	59.2	43.84
1995	27.2	3.1	15.96
1996	11	5.5	8.73
1997	23.3	6	16.4
1998	−12.9	−8.9	−11.44
1999	28.2	−7	14.98
2000	15.3	28	19.19
2001	6.5	34.2	15.55
2002	30	16.9	25.02
2003	38	20.9	31.9
2004	34.9	44.3	37.94
2005	26.6	−4.5	15.98
2006	13.5	10	12.55
2007	27.9	18.5	25.35
2008	10.8	25.5	14.56
2009	−15.5	26.2	−3.69
2010	24.8	50.5	34.37
2011	20.2	35.5	26.55
2012	8	19.5	13.12
2013	9.9	46.3	27
2014	4.8	2.2	3.4
2015	−1.3	−27.6	−15.4

数据来源：United Nations Commodity Trade Statistics Database；单位：%。

3.2.2 中国与新西兰贸易的分行业分析

考虑到新西兰本身的资源禀赋特点,其出口产品主要以农产品和农产品加工为主,这点从新西兰对中国的出口行业规模和占比中就能看出。表 3.3 描述了 2015 年新西兰对中国出口前十的行业种类、规模以及占比情况。从中我们可以看出,乳制品是新西兰对中国出口最多的商品,其 2015 年的出口规模达到 17.3 亿美元,占当年对中国出口总量的 28.65%。2015 年新西兰对中国出口前十的商品也均为农产品,累计规模达到 49.6 亿美元,累计占比则超过对中国总出口的 80%。

表 3.3　新西兰对中国出口前十的行业规模和占比

排名	行业	规模(Million $US)	占比(%)
1	乳制品	1 730.63	28.65
2	木及木制品,木炭	1 088.43	18.02
3	肉及食用杂碎	849.87	14.07
4	羊毛制品	322.24	5.33
5	渔业	340.25	5.63
6	木浆及其他纤维状纤维素浆	158.74	2.63
7	谷物及粮食	131.58	2.18
8	皮革制品	129.73	2.15
9	蛋白质及酶	121.56	2.01
10	其他动物制品	88.49	1.46

数据来源: United Nations Commodity Trade Statistics Database。

从新西兰对中国的进口看,表 3.4 描述了 2015 年新西兰对中国进口前十的商品种类、规模及占比情况。其中,新西兰对中国进口最多的商品为核反应堆、锅炉及机器零件,其 2015 年的进口规模达到 13.6 亿美元,占当年新西兰对中国总进口的 19.09%。2015 年新西兰对中国进口前十的都是制造业商品,累计规模达到 50.1 亿美元,累计占比则超过对中国总进口的 70%。

表 3.4　新西兰对中国进口前十的行业规模和占比

排名	行业	规模(Million $US)	占比(%)
1	核反应堆、锅炉及机器零件	1 364.05	19.09
2	电机、电器设备及其零件	1 212.74	16.97
3	针织或钩编的服装	446.18	6.24
4	非针织或非钩编的服装	432.21	6.05
5	家具、发光标志、活动房屋	402.44	5.63
6	塑料及其制品	317.79	4.45
7	钢铁制品	281.59	3.94
8	玩具、游戏用品及零件附件	243.50	3.41
9	鞋靴护腿和类似品及其零件	171.24	2.40
10	其他类别纺织品	133.39	1.87

数据来源：United Nations Commodity Trade Statistics Database。

从新西兰对中国进口和出口前十的行业分布、规模以及占比可以看出,中新的贸易结构与两国在全球市场的地位和分工是基本一致的。其中,新西兰依靠天然的农业资源优势对中国出口农产品,中国则凭借其丰富的劳动力资源对新西兰出口轻工业产品以及部分大型制造业产品。中国与新西兰的贸易对双方都是很有益处的。

3.2.3 中国与新西兰贸易的指数分析

为了更全面考察中国与新西兰的贸易特征和发展,我们将构建贸易指数做进一步的研究。这里我们主要采用贸易强度指数(Trade Intensity Index,TII)、由其衍生出的进口强度指数(Import Intensity Index,MII)和出口强度指数(Export Intensity Index,XII)以及显示性比较优势指数(Revealed Comparative Advantage Index,RCA)进行分析。

首先是贸易强度指数,该指数由 Brown 等在 1949 年首先提出,并经 Kojima(1964)等的不断修改完善,现已成为估计双边贸易的紧密程度以及贸易阻力的常用指标。根据定义,贸易强度指数(TII)的计算公式为:

$$TII_{ij} = \frac{t_{ij}/T_{iw}}{t_{wj}/T_{ww}} \tag{3.1}$$

其中 t_{ij} 表示 i 国与 j 国的贸易总量;T_{iw} 表示 i 国与世界的贸易总量;t_{wj} 表示全球与 j 国的贸易总量;T_{ww} 表示全球的贸易总量。若贸易强度指数大于1,表明 j 与 i 国间的双边贸易份额高于 j 国在全球贸易市场的份额,即 j 国对 i 国的贸易依赖度较高。

为分别考察进口和出口的影响,我们对贸易强度指数公式进

行变化,从而得到进口强度指数和出口强度指数,具体计算公式为:

$$MII_{ij} = \frac{m_{ij}/M_i}{X_j/X_w - X_i} \qquad (3.2)$$

$$XII_{ij} = \frac{x_{ij}/X_i}{M_j/M_w - M_i} \qquad (3.3)$$

其中,i 表示新西兰,j 表示中国,w 表示全球。m_{ij} 和 x_{ij} 分别代表新西兰对中国的进出口量;M_i 和 X_i 分别表示新西兰的总进口和总出口;M_j 和 X_j 表示中国的总进口和总出口;M_w 和 X_w 分别表示全球的总进口和总出口。

对于进口强度指数 MII,m_{ij}/M_i 表示新西兰进口中国商品占新西兰总进口的比例;$X_j/X_w - X_i$ 表示中国的总出口占全球除新西兰以外地区的总出口比例。显然,若进口强度指数 MII 大于 1,表明新西兰对中国的进口比例大于新西兰以外的全球市场对中国的进口比例,反之亦然。

对于出口强度指数 XII,x_{ij}/X_i 表示新西兰出口中国商品占新西兰总出口的比例;$M_j/M_w - M_i$ 表示中国的总进口占全球除新西兰以外地区的总进口比例。显然,若出口强度指数 XII 大于 1,表明新西兰对中国的出口比例大于新西兰以外的全球市场对中国的出口比例,反之亦然。

　　根据公式 3.1—3.3,我们计算出 1989—2015 年新西兰对中国的贸易强度指数、进口强度指数和出口强度指数,表 3.5 描述了指数的结果。从中我们可以看出,新西兰对中国的总体贸易强度指数从 2001 年起均大于 1,也就是说自从中国加入 WTO 以来,新西兰对中国的贸易强度一直较高。从具体数值来看,新西兰对中国的贸易强度指数基本呈上升趋势,2013 年的数值最高达到 1.73,近两年有所减少。

表 3.5　新西兰对中国的贸易强度指数(1989—2015 年)

年份	出口强度指数 XII	进口强度指数 MII	贸易强度指数 TII
1989	0.96	0.91	0.52
1990	0.66	0.73	0.54
1991	0.93	0.92	0.72
1992	0.94	1.17	0.82
1993	0.69	1.25	0.70
1994	0.99	1.16	0.83
1995	0.88	1.22	0.81
1996	0.86	1.33	0.82
1997	0.92	1.42	0.91
1998	1.03	1.55	0.99
1999	0.92	1.54	0.96
2000	0.89	1.62	0.99
2001	1.12	1.61	1.08
2002	1.09	1.60	1.10

年份	出口强度指数 XII	进口强度指数 MII	贸易强度指数 TII
2003	0.97	1.55	1.09
2004	1.05	1.50	1.12
2005	0.89	1.49	1.10
2006	0.91	1.52	1.16
2007	0.87	1.53	1.17
2008	0.95	1.72	1.19
2009	1.25	1.57	1.30
2010	1.36	1.54	1.34
2011	1.50	1.54	1.43
2012	1.77	1.46	1.53
2013	2.00	1.44	1.73
2014	1.94	1.38	1.64
2015	1.57	1.28	1.41

数据来源：WTO，United Nations Commodity Trade Statistics Database，Asian Development Bank。

从进口和出口强度指数来看，总体上进口强度指数的数值更高，在绝大部分年度新西兰对中国的进口强度指数都是大于 1 的；而出口强度指数在 2001 年后基本大于 1。不过最近几年新西兰对中国的进口指数下降比较明显，已经完全低于出口指数，图 3.3 详细描述了新西兰对中国的贸易强度指数、进口强度指数以及出口强度指数变动趋势。

类似的，我们也计算出 1989—2015 年中国对新西兰的贸易强

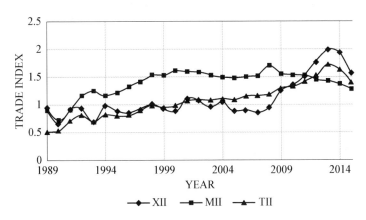

图3.3　新西兰对中国的贸易强度指数(1989—2015年)

度指数、进口强度指数和出口强度指数,表3.6描述了指数的结果。从中我们可以看出,除个别年份以外,中国对新西兰的总体贸易指数基本都大于1,即中国对新西兰的贸易强度一直较高。从具体数值上看,中国对新西兰的贸易强度指数也基本呈上升趋势,2013年数值最高达到1.73,近两年有所减少。

从进口和出口强度指数来看,总体上出口强度指数要更高,在绝大部分年度中国对新西兰的出口强度指数都大于1;而进口强度指数则变动较大,不过2009年以来指数都大于1。此外,近几年中国对新西兰的出口强度指数有所减少,也都低于进口强度指数。图3.4详细描述了中国对新西兰的贸易强度指数、进口强度指数以及出口强度指数变动趋势。

表 3.6　中国对新西兰的贸易强度指数(1989—2015 年)

年份	出口强度指数 XII	进口强度指数 MII	贸易强度指数 TII
1989	0.64	1.00	0.85
1990	0.68	0.61	0.66
1991	0.96	0.92	0.95
1992	1.20	0.91	1.07
1993	1.25	0.73	0.99
1994	1.16	1.02	1.12
1995	1.22	0.97	1.13
1996	1.33	0.98	1.19
1997	1.42	1.06	1.30
1998	1.56	1.12	1.39
1999	1.55	0.89	1.31
2000	1.63	0.88	1.32
2001	1.62	1.01	1.38
2002	1.58	0.97	1.35
2003	1.51	0.85	1.28
2004	1.46	0.88	1.27
2005	1.45	0.76	1.24
2006	1.46	0.77	1.27
2007	1.46	0.72	1.26
2008	1.43	0.77	1.26
2009	1.47	1.04	1.40
2010	1.43	1.10	1.40
2011	1.42	1.17	1.44
2012	1.35	1.36	1.51
2013	1.32	1.79	1.73
2014	1.24	1.71	1.64
2015	1.15	1.32	1.41

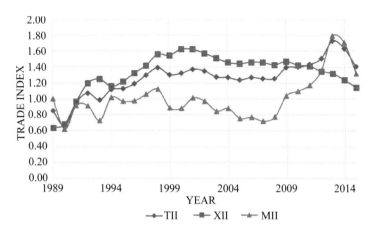

图 3.4 中国对新西兰的贸易强度指数(1989—2015 年)

接着是显示性比较优势指数,该指数是用来衡量一个国家或者地区的某项产品或行业在世界上的比较优势,其具体计算公式为:

$$RCA_{ij} = \frac{x_{ij}/X_i}{x_{wj}/X_w} \tag{3.4}$$

其中,i 表示国家,j 表示商品;x_{ij} 表示 i 国对商品 j 的出口规模,X_i 表示 i 国的总出口额;x_{wj} 表示全球对商品 j 的出口规模,X_w 表示全球的总出口。

类似贸易强度指数的定义,若显示性比较优势指数 RCA_{ij} 大于 1,表明 i 国的 j 商品相比全球总体来说具有比较优势;反之,若显示性比较优势指数 RCA_{ij} 小于 1,则表明 i 国的 j 商品相比全球总体来说具有比较劣势。我们分别计算新西兰对中国出口和进口前十商品的 RCA 指数,具体结果见表 3.7 和 3.8。

表 3.7 新西兰对中国出口前十的行业 RCA 指数

排名	行业	RCA_{NZ}	RCA_{CHN}
1	乳制品	58.01	0.05
2	木及木制品,木炭	12.25	0.88
3	肉及食用杂碎	16.98	0.06
4	羊毛制品	21.15	1.60
5	渔业	5.64	1.16
6	谷物及粮食	6.06	0.21
7	皮革制品	7.65	0.16
8	蛋白质及酶类	17.88	0.76
9	其他动物制品	17.35	1.85
10	木浆及其他纤维状纤维素浆	5.38	0.02

数据来源:United Nations Commodity Trade Statistics Database。

表 3.8 新西兰对中国进口前十的行业 RCA 指数

排名	行业	RCA_{NZ}	RCA_{CHN}
1	核反应堆、锅炉、机器零件	0.30	1.26
2	电机、电器设备及其零件	0.20	1.82
3	针织或钩编的服装	0.24	2.93
4	非针织或非钩编的服装	0.31	2.74
5	家具、发光标志、活动房屋	0.23	2.76
6	塑料制品	0.33	0.83
7	钢铁制品	0.34	1.50
8	玩具、游戏用品及零件附件	0.24	3.03

续表

排名	行业	RCA_{NZ}	RCA_{CHN}
9	鞋靴护腿和类似品及其零件	0.14	3.01
10	其他类纺织品	0.34	3.87

数据来源：United Nations Commodity Trade Statistics Database。

从表3.7和3.8的结果可以看出,总体上新西兰对中国出口前十商品的RCA_{NZ}以及新西兰对中国进口前十商品的RCA_{CHN}基本上都大于1,即新西兰对中国出口最多和中国对新西兰出口最多的分别是新西兰和中国的比较优势行业。不过从数值上看,新西兰对中国出口前十行业的RCA_{NZ}数值很高,比如,乳制品行业的RCA_{NZ}高达58.01,羊毛制品的RCA_{NZ}也高达21.15。相对来说,新西兰对中国进口前十行业的RCA_{CHN}数值较低,最高的其他类纺织品RCA_{CHN}仅有3.87,而塑料制品的RCA_{CHN}甚至还不到1。因此,在与整个全球进行国际贸易时,新西兰出口行业的比较优势非常明显,而中国出口行业的比较优势则相对一般。

3.3 中国与澳大利亚贸易描述分析

3.3.1 中国与澳大利亚贸易总体分析

相比中新贸易,中国与澳大利亚的贸易联系要晚些,直到19

世纪末期,澳大利亚才开始向中国出口铁矿石。中澳两国自 1972 年正式建交后,经贸关系日趋紧密,两国间的贸易量自 20 世纪 90 年代起增长迅速。中国在 2009 年时超越日本成为澳大利亚的最大贸易伙伴,目前澳大利亚生产的铁矿石 70% 以上都销往中国。

图 3.5 描述了 2015 年澳大利亚与主要伙伴国的贸易占比,从中我们可以看出,无论是进口还是出口,中国与澳大利亚的双边贸易占比都是最高的。澳大利亚对中国的进口占澳大利亚总进口的23.1%,澳大利亚对中国的出口占澳大利亚总出口的 32.4%。除中国以外,美国、日本、韩国和新西兰也是澳大利亚重要的贸易合作伙伴。

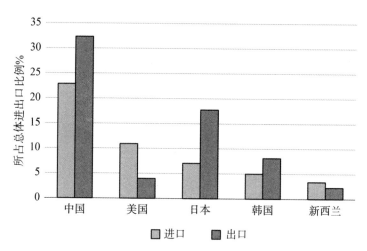

图 3.5 澳大利亚与主要伙伴国的贸易占比(2015 年)

数据来源:United Nations Commodity Trade Statistics Database。

表 3.9　澳大利亚与中国贸易的规模(1989—2015 年)

年份	进口(M)	出口(X)	贸易总量(X+M)	净出口(X−M)
1989	939.82	764.69	1 704.51	−175.13
1990	1 030.37	720.58	1 750.95	−309.79
1991	1 333.22	963.73	2 296.95	−369.49
1992	1 688.22	1 160.84	2 849.06	−527.38
1993	1 957.45	1 194.15	3 151.60	−763.30
1994	2 441.06	1 428.37	3 869.43	−1 012.69
1995	2 825.03	1 798.17	4 623.20	−1 026.85
1996	3 188.83	2 067.52	5 256.35	−1 121.31
1997	3 475.58	2 465.62	5 941.20	−1 009.96
1998	3 656.83	2 382.66	6 039.49	−1 274.17
1999	4 239.36	2 240.83	6 480.20	−1 998.53
2000	5 568.96	3 474.45	9 043.42	−2 094.51
2001	5 625.31	3 917.96	9 543.27	−1 707.35
2002	7 332.90	4 557.23	11 890.13	−2 775.67
2003	9 832.37	5 922.09	15 754.46	−3 910.28
2004	14 073.26	8 094.99	22 168.24	−5 978.27
2005	17 341.18	12 302.48	29 643.67	−5 038.70
2006	20 327.74	15 356.47	35 684.22	−4 971.27
2007	25 898.02	19 967.51	45 865.54	−5 930.51
2008	31 588.26	27 225.18	58 813.44	−4 363.08
2009	29 211.72	33 389.24	62 600.97	4 177.52
2010	38 004.36	53 740.40	91 744.76	15 736.04
2011	43 447.91	73 804.14	117 252.05	30 356.23
2012	45 996.26	75 836.31	121 832.57	29 840.05
2013	44 861.05	87 311.42	132 172.47	42 450.37
2014	46 854.59	81 413.61	128 268.21	34 559.02
2015	46 292.72	61 012.46	107 305.18	14 719.73

数据来源:United Nations Commodity Trade Statistics Database,单位:Million $US。

　　接下来,我们重点关注中国与澳大利亚的贸易发展情况。表
3.9 详细描述了 1989—2015 年新西兰对中国的进口、出口、贸易
总量以及进出口规模。从中我们可以看出,在近二十多年中,中国
与澳大利亚的贸易基本保持快速增长。在 1989 年,澳大利亚对中
国的进口为 9.40 亿美元,出口为 7.65 亿美元。在 2015 年,澳大
利亚对中国的进口已达到 462.9 亿美元,出口也达到 610.1 亿美
元,进口和出口分别是 1989 年的 49.2 倍和 75.8 倍。如果我们也
计算复合年均增长率,可以得到 1989—2015 年澳大利亚对中国进
口的复合年均增长率为 16.17%,而澳大利亚对中国出口的年均
复合增长率为 18.35%。

　　图 3.6 更直观地描述了 1989—2015 年中国与澳大利亚的贸
易量变化。从中我们可以看到,在进入 21 世纪之前,澳大利亚对
中国的进口和出口规模的整体趋势也比较平缓。2001 年中国正
式加入 WTO,随后澳大利亚对中国的进口和出口规模开始呈现
高速增长趋势。2009 年受到全球金融危机的影响,澳大利亚对中
国的进口有所减少,但出口仍保持高速增长。此后,澳大利亚对中
国的进口也恢复增长,但近两年澳大利亚对中国的进口和出口开
始出现下滑,这很可能与最近中国的经济增速放缓有关。

　　最后,我们也计算了 1990—2015 年的澳大利亚对中国进口、
出口以及贸易总量的增长率,表 3.10 描述了具体结果。从中我们

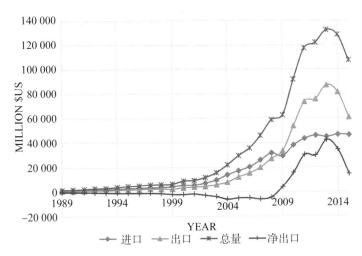

图 3.6　澳大利亚与中国贸易的规模(1989—2015 年)

可以看出,总体上澳大利亚对中国的贸易也基本保持高速增长,除了个别年度的增长率为负,大部分时间,新西兰对中国的贸易都保持了两位数增长。但需要注意的是,澳大利亚对中国的进口和出口增长率都明显减少,2015 年两者均为负,这很可能也与中国经济增速放缓有关。

表 3.10　澳大利亚与中国贸易的增长率(1990—2015 年)

年份	进口(M)	出口(X)	贸易总量(X＋M)
1990	9.64	−5.77	2.72
1991	29.39	33.74	31.18

续表

年份	进口(M)	出口(X)	贸易总量(X+M)
1992	26.63	20.45	24.04
1993	15.95	2.87	10.62
1994	24.71	19.61	22.78
1995	15.73	25.89	19.48
1996	12.88	14.98	13.70
1997	8.99	19.25	13.03
1998	5.22	−3.36	1.65
1999	15.93	−5.95	7.30
2000	31.36	55.05	39.55
2001	1.01	12.76	5.53
2002	30.36	16.32	24.59
2003	34.09	29.95	32.50
2004	43.13	36.69	40.71
2005	23.22	51.98	33.72
2006	17.22	24.82	20.38
2007	27.40	30.03	28.53
2008	21.97	36.35	28.23
2009	−7.52	22.64	6.44
2010	30.10	60.95	46.55
2011	14.32	37.33	27.80
2012	5.87	2.75	3.91
2013	−2.47	15.13	8.49
2014	4.44	−6.75	−2.95
2015	−1.20	−25.06	−16.34

数据来源：United Nations Commodity Trade Statistics Database,单位：%。

3.3.2　中国与澳大利亚贸易的分行业分析

不同于新西兰出口以农产品为主,澳大利亚由于本身拥有丰

富的矿产资源,其出口基本以各类矿产、羊毛以及肉类等为主。表
3.11 描述了 2015 年澳大利亚对中国出口前十的行业种类、规模
以及占比情况。从中我们可以看出,矿石是澳大利亚对中国出口
最多的商品,其 2015 年的出口规模达到 326.9 亿美元,占当年对
中国出口总量的 53.57%。其余出口较多的商品也基本是矿相关
产品以及羊毛、肉类等农产品。

表 3.11　澳大利亚对中国出口前十的商品规模和占比

排名	商品	规模(Million $US)	占比(%)
1	矿渣、矿沙以及矿灰	32 685.19	53.57
2	珠宝、贵金属及其制品、仿首饰硬币等	6 799.81	11.14
3	矿物燃料、矿物油及其制品、沥青等	4 919.66	8.06
4	铜及其制品	1 830.38	3.00
5	羊毛制品	1 583.59	2.60
6	谷物	1 396.17	2.29
7	肉及食用杂碎	992.44	1.62
8	木及木制品、木炭	714.09	1.17
9	生皮(非毛皮)、皮革制品	696.67	1.14
10	棉花	489.63	0.80

数据来源: United Nations Commodity Trade Statistics Database。

从澳大利亚对中国的进口看,表 3.12 描述了 2015 年澳大利
亚对中国进口前十的商品种类、规模及占比情况。显然,澳大利亚
的进口种类基本与新西兰类似,进口最多的是电机、电器设备及其

零件,其 2015 年进口规模达到 96.2 亿美元,占当年澳大利亚对中国总进口的 20.78%。其余进口前十的也都是制造业商品,累计规模达到约 330.9 亿美元,占澳大利亚对中国总进口的约 71.49%。

表 3.12　澳大利亚对中国进口前十的商品规模和占比

排名	商品	规模(Million $US)	占比(%)
1	电机、电器设备及其零件	9 620.69	20.78
2	核反应堆、锅炉、机器零件	8 716.30	18.83
3	家具、发光标志、活动房屋	2 806.72	6.06
4	钢铁制品	2 572.38	5.56
5	针织或钩编的服装	2 081.61	4.50
6	非针织或非钩编的服装	2 047.34	4.42
7	塑料及其制品	1 778.31	3.84
8	玩具、游戏用品及零件附件	1 521.92	3.29
9	鞋靴护腿和类似品及其零件	1 004.28	2.17
10	非铁轨车辆及其零部件	943.32	2.04

数据来源: United Nations Commodity Trade Statistics Database。

从澳大利亚对中国进口和出口前十的行业分布、规模以及占比可以看出,中澳的贸易结构与两国在全球市场的地位和分工也基本一致。其中,澳大利亚依靠其丰富的矿产资源和农业资源优势对中国出口矿石和农产品,中国则凭借其丰富的劳动力资源对澳大利亚出口轻工业产品以及部分大型制造业产品。中国与澳大利亚的贸易对双方也是有益处的。

3.3.3　中国与澳大利亚贸易的指数分析

类似于此前对中新贸易的指数分析,这里我们首先也基于公式3.1—3.3构建澳大利亚对中国的贸易强度指数、进口强度指数和出口强度指数。表3.13描述了具体的指数计算结果,从中我们可以看出,澳大利亚对中国的贸易强度指数一直大于1,并且基本也呈增长趋势。从具体数值上看,2013年澳大利亚对中国的贸易强度指数最高达到2.50,近两年也有所下降。

从进口和出口强度指数来看,两者在所有年份也都大于1,表明澳大利亚对中国的进口和出口都有较高的贸易强度。从数值上看,出口强度指数在2013年达到最高的3.34,而进口强度指数在2001年达到最高的2.10。从趋势上看,早期的进口强度指数要大于出口强度指数,但在2006年后关系出现变化,此后的出口强度指数大于进口强度指数。因此,澳大利亚对中国的进口贸易强度正在减弱,而对中国的出口贸易强度正在强化。对此,图3.7也描述了澳大利亚对中国的贸易强度指数、进口强度指数以及出口强度指数的变动趋势。

表 3.13　澳大利亚对中国的贸易强度指数(1989—2015 年)

年份	出口强度指数 XII	进口强度指数 MII	贸易强度指数 TII
1989	1.12	1.39	1.25
1990	1.23	1.52	1.38
1991	1.35	1.75	1.55
1992	1.33	1.91	1.62
1993	1.05	1.94	1.48
1994	1.14	1.76	1.48
1995	1.33	1.72	1.56
1996	1.35	1.88	1.64
1997	1.56	1.74	1.66
1998	1.70	1.84	1.79
1999	1.44	1.94	1.75
2000	1.60	2.07	1.86
2001	1.62	2.10	1.86
2002	1.57	2.04	1.84
2003	1.58	1.95	1.80
2004	1.57	2.04	1.84
2005	1.88	1.95	1.93
2006	1.93	1.85	1.90
2007	2.09	1.82	1.95
2008	2.10	1.80	1.94
2009	2.71	1.85	2.25
2010	2.78	1.83	2.30
2011	2.87	1.78	2.36
2012	3.01	1.66	2.32

续表

年份	出口强度指数 XII	进口强度指数 MII	贸易强度指数 TII
2013	3.34	1.64	2.50
2014	3.26	1.66	2.43
2015	2.87	1.49	2.09

数据来源：WTO，United Nations Commodity Trade Statistics Database，Asian Development Bank。

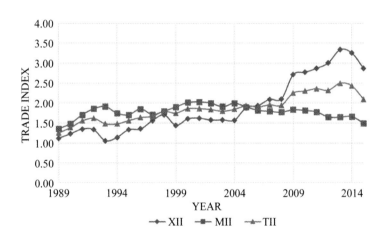

图 3.7　澳大利亚对中国的贸易强度指数（1989—2015 年）

同样我们也计算出 1989—2015 年中国对澳大利亚的贸易强度指数、进口强度指数和出口强度指数，表 3.14 描述了指数的结果。从中我们可以看出，中国对澳大利亚的总体贸易指数在所有年份都大于 1，表明中国对澳大利亚的贸易强度也一直较高。从具体数值上看,中国对澳大利亚的贸易强度指数也基本呈上升趋势,2013 年数值最高达到 2.50,近两年则有所减少。

表 3.14　中国对澳大利亚的贸易强度指数(1989—2015 年)

年份	出口强度指数 XII	进口强度指数 MII	贸易强度指数 TII
1989	1.38	1.09	1.25
1990	1.51	1.20	1.38
1991	1.74	1.30	1.55
1992	1.89	1.28	1.62
1993	1.91	1.03	1.48
1994	1.74	1.11	1.48
1995	1.69	1.30	1.56
1996	1.85	1.31	1.64
1997	1.71	1.50	1.66
1998	1.81	1.63	1.79
1999	1.91	1.38	1.75
2000	2.02	1.51	1.86
2001	2.04	1.52	1.86
2002	1.97	1.48	1.84
2003	1.86	1.47	1.80
2004	1.94	1.45	1.84
2005	1.85	1.73	1.93
2006	1.75	1.77	1.90
2007	1.71	1.91	1.95
2008	1.70	1.91	1.94
2009	1.72	2.47	2.25
2010	1.68	2.51	2.30
2011	1.64	2.60	2.36
2012	1.52	2.70	2.32

续表

年份	出口强度指数 XII	进口强度指数 MII	贸易强度指数 TII
2013	1.49	3.00	2.50
2014	1.50	2.90	2.43
2015	1.36	2.44	2.09

数据来源：WTO，United Nations Commodity Trade Statistics Database，Asian Development Bank。

从进口和出口强度指数来看，两者在所有年份也都大于 1，表明中国对澳大利亚的进口和出口都有较高的贸易强度。从数值上看，进口强度指数在 2013 年达到最高的 3.00，而出口强度指数在 2001 年达到最高的 2.04。从趋势上看，早期的出口强度指数要大于进口强度指数，但在 2006 年以后进口强度指数大于出口强度指数。图 3.8 详细描述了中国对澳大利亚的贸易强度指数、进口强度指数以及出口强度指数的变动趋势。

接下来我们也分别计算澳大利亚对中国出口和进口前十商品的 RCA 指数，具体结果见表 3.15 和表 3.16。从中我们可以看出，总体上澳大利亚对中国出口前十商品的 RCA_{AUS} 以及澳大利亚对中国进口前十商品的 RCA_{CHN} 基本上都大于 1，即澳大利亚对中国出口最多和中国对澳大利亚出口最多的分别是澳大利亚和中国的比较优势行业。

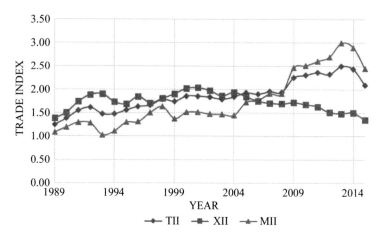

图 3.8 中国对澳大利亚的贸易强度指数(1989—2015 年)

表 3.15 澳大利亚对中国出口前十的商品 RCA 指数

排名	商品出口前 10 位	RCA_{AUS}	RCA_{CHN}
1	矿渣、矿沙以及矿灰	26.50	0.01
2	珠宝,贵金属及其制品、仿首饰硬币等	1.76	0.35
3	矿物燃料、矿物油及其制品、沥青等	2.88	0.14
4	铜,及其制品	2.04	0.34
5	羊毛等各类动物毛、马毛纱线以及织物	1.37	1.17
6	谷物	5.39	0.02
7	肉及食用杂碎	6.84	0.06
8	木及木制品、木炭	0.88	0.83
9	生皮(非毛皮)、皮革制品	2.80	0.16
10	棉花	1.29	2.06

数据来源：United Nations Commodity Trade Statistics Database，Australian Bureau of Statistics。

表3.16 澳大利亚对中国进口前十的商品 RCA 指数

排名	商品进口前 10 位	RCA_{AUS}	RCA_{CHN}
1	电机、电器设备及其零件	0.09	1.82
2	核反应堆、锅炉、机器零件	0.22	1.26
3	家具、发光标志、活动房屋	0.07	2.76
4	钢铁制品	0.18	1.50
5	针织或钩编的服装	0.03	2.93
6	非针织或非钩编的服装	0.04	2.74
7	塑料及其制品	0.12	0.83
8	玩具、游戏用品及零件附件	0.22	3.03
9	鞋靴护腿和类似品及其零件	0.04	3.01
10	非铁轨车辆及其零部件	0.16	0.33

数据来源：United Nations Commodity Trade Statistics Database，Australian Bureau of Statistics。

从数值上看，澳大利亚出口的矿砂、矿渣及矿灰其 RCA_{AUS} 高达 26.50，肉类和谷物的 RCA_{AUS} 也分别达到 6.84 和 5.39。相对来说，澳大利亚对中国进口前十行业的 RCA_{CHN} 数值都不高，最高的玩具、游戏用品及其他零附件 RCA_{CHN} 仅有 3.03。因此，在与整个全球进行国际贸易时，澳大利亚有些出口行业的比较优势非常明显，而中国出口行业的比较优势都相对一般。

3.4　中新与中澳贸易比较分析

3.4.1　趋势比较分析

前面我们基于规模、行业以及指数对中新以及中澳贸易的发展进行了描述,现在我们对两者做进一步的比较分析。考虑到中新与中澳的贸易规模存在较大差异,我们首先比较出口、进口以及贸易总量的增长率变化。

图 3.9 描述了 1990—2015 年新西兰与澳大利亚对中国出口的增长率情况。从中我们可以看出,总体上两国对中国出口的增长率基本呈同向变动趋势,即随着澳大利亚对中国出口的增加(或减少),新西兰对中国的出口也会增加(或减少)。从具体数值上看,早期新西兰对中国出口增长率的波动更大,而进入新世纪后,两者波动的幅度基本差别不大。从 2013 年以来,两国对中国出口增长率都有较大程度的减少。

图 3.10 则描述了 1990—2015 年新西兰与澳大利亚对中国进口增长率的情况。与出口增长率类似,总体上两国对中国进口的增长率也基本呈同向变动趋势,即随着澳大利亚对中国进口的增加(或减少),新西兰对中国的进口也会增加(或减少)。特别是在进入 21 世纪后,两者不仅走势基本一致,而且在数值上也非常类

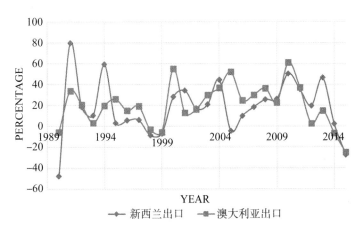

图 3.9　新西兰与澳大利亚对中国出口的增长率比较

似。两者只在 2013 年有所背离，当年澳大利亚对中国进口增长率
继续降低，而新西兰的进口增长率有所回升。

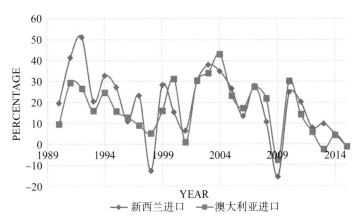

图 3.10　新西兰与澳大利亚对中国进口的增长率比较

　　我们将进出口加总,比较新西兰与澳大利亚对中国贸易总量的增长率。从图 3.11 可以看到,与进口和出口的结果类似,两国对中国的贸易总额增长率也呈同向变动趋势。特别是在 21 世纪以后,除了数值上略有差异,两者的趋势保持完全一致。

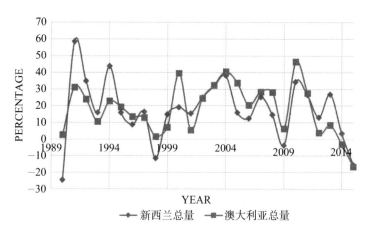

图 3.11　新西兰与澳大利亚对中国贸易总量的增长率比较

　　接下来,我们进一步从贸易指数比较中新与中澳贸易的变动趋势。首先是贸易强度指数,图 3.12 描述了新西兰对中国与澳大利亚对中国的贸易强度指数比较。从中我们可以看到,数值上澳大利亚对中国的贸易强度指数更高,不过两者在趋势变动上是基本保持一致的。也就是说,新西兰对中国的贸易强度与澳大利亚对中国的贸易强度是保持同向变化的,两者基本也都保持上升趋

图 3.12 新西兰对中国与澳大利亚对中国的贸易强度指数比较

势,只是最近两年有所下降。

图 3.13 和 3.14 则分别描述了新西兰对中国与澳大利亚对中国的出口强度指数比较和进口强度指数比较。从数值上看,无论出口还是进口强度指数,澳大利亚对中国都比新西兰对中国的数值更高。但从趋势上看,无论出口还是进口强度指数,澳大利亚对中国和新西兰对中国的指数变化趋势都基本是一致的。不过需要注意的是,总体上澳大利亚对中国和新西兰对中国的出口强度指数上升比较明显,而进口强度指数自 21 世纪以来却呈现下降趋势。

最后,我们也将中国对新西兰与中国对澳大利亚的贸易强度指数进行比较,图 3.15 描述了总体强度指数的比较结果。从中我

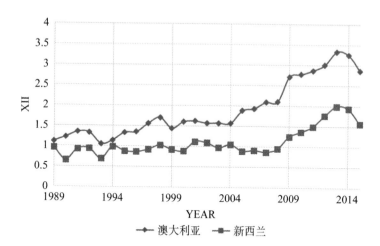

图 3.13 新西兰对中国与澳大利亚对中国的出口强度指数比较

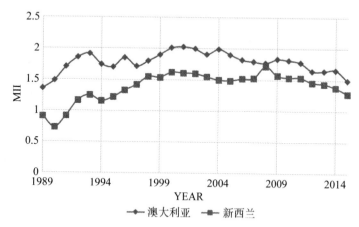

图 3.14 新西兰对中国与澳大利亚对中国的进口强度指数比较

们可以看出,数值上中国对澳大利亚的贸易强度指数明显高于中国对新西兰的贸易强度指数。不过在趋势上两者是基本保持一致的,在 2013 年之前两者基本保持增长趋势,而 2014 和 2015 年份两者均出现明显下滑。

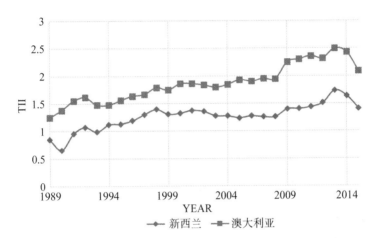

图 3.15　中国对新西兰与中国对澳大利亚的贸易强度指数比较

类似的,我们也将中国对新西兰与中国对澳大利亚的出口强度指数和进口强度指数进行比较,图 3.16 和 3.17 分别描述了比较的结果。从数值上看,无论是出口还是进口强度指数,中国对澳大利亚的数值都要高于中国对新西兰的数值。但从趋势上看,无论是出口还是进口强度指数,中国对澳大利亚与中国对新西兰的趋势都是一致的。但需要注意的是,总体上中国对澳大利亚和中国对新西兰的进口强度指数上升比较明显,只是在近两年有所下降,而出口强度指数自 21 世纪以来却一直呈现下降趋势。

图 3.16　中国对新西兰与中国对澳大利亚的出口强度指数比较

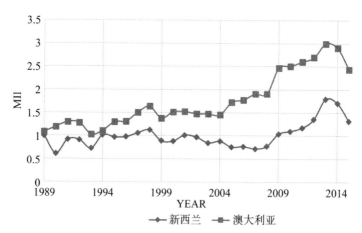

图 3.17　中国对新西兰与中国对澳大利亚的进口强度指数比较

3.4.2 脉冲响应分析

通过上述对中新与中澳贸易趋势的比较,可以看到中新与中澳的贸易在相当长的一段时间内基本上保持了同向变动趋势。但考虑到两者在规模上存在较大差异,理论上很可能是中澳贸易走势影响了中新贸易走势,而非后者影响前者。对此,借鉴时间序列分析中的向量自回归(VAR)模型,我们通过比较两者的脉冲响应结果进行初步分析。

在做时间序列分析时,变量的平稳性是首要考虑的问题,表3.17描述了变量的单位根检验结果。可以看到,对于中新和中澳间的不同进出口强度指数①,各变量的原序列不具备平稳性,但变量在一阶差分后序列都平稳(在 5% 水平上显著)。因此,后续的分析我们将基于一阶差分序列进行。

表 3.17 变量序列的单位根检验结果

变量	原序列		一阶差分序列	
AUS_CHN_XII	−0.4664	(0.8827)	−4.4093*	(0.0020)
NZ_CHN_XII	−1.0272	(0.7273)	−5.2372*	(0.0003)
CHN_AUS_XII	−1.4866	(0.5243)	−3.7398*	(0.0096)

---

① 考虑到进出口的方向不同,这里我们对进口和出口强度指数分别检验。

续表

变量	原序列		一阶差分序列	
CHN_NZ_XII	−1.5473	(0.4931)	−3.2438*	(0.0296)
AUS_CHN_MII	−2.2182	(0.2049)	−3.7007*	(0.0105)
NZ_CHN_MII	−2.0709	(0.2571)	−4.5726*	(0.0014)
CHN_AUS_MII	−0.8003	(0.8024)	−4.1900*	(0.0034)
CHN_NZ_MII	−2.3126	(0.1770)	−4.0635*	(0.0047)

注：括号内是 P 概率值，* 表示在 5% 水平下显著。

接下来，我们进行 Johansen 协整检验以判断模型各变量间是否具有协整关系，表 3.18 描述了变量序列的协整检验结果。从中可以看到，对于这四组协整检验，即澳中与新中出口强度、中澳与中新出口强度、澳中与新中进口强度和中澳与中新进口强度，变量间均存在协整关系（而且不止一个协整变量）。因此，我们可以对变量序列建立 VAR 模型，并进行脉冲响应分析。

表 3.18　变量序列的协整检验结果

Panel A澳中出口强度与新中出口强度			
原假设	特征根	Trace 统计量	P 值
0 个协整向量	0.3797	22.2144*	0.0042
至多 1 个协整向量	0.3611	10.7539*	0.0010
Panel B中澳出口强度与中新出口强度			
原假设	特征根	Trace 统计量	P 值

			续表
0 个协整向量	0.5386	28.6707*	0.0003
至多 1 个协整向量	0.3437	10.1083*	0.0015
Panel C 澳中进口强度与新中进口强度			
原假设	特征根	Trace 统计量	P 值
0 个协整向量	0.5444	28.5699*	0.0003
至多 1 个协整向量	0.5524	9.6987*	0.0018
Panel D 中澳进口强度与中新进口强度			
原假设	特征根	Trace 统计量	P 值
0 个协整向量	0.4512	22.2977*	0.0040
至多 1 个协整向量	0.2804	7.8971*	0.0050

注：括号内是 P 概率值，* 表示在 5% 水平下显著。

我们依次考察各组强度指数的影响关系。首先是澳中出口强度与新中出口强度指数，图 3.18 和图 3.19 分别描述了两者的脉冲响应关系。从图 3.18 中可以看到，当给澳中出口强度一个外部冲击后，新中出口强度会在之后 1 期出现显著的正响应，然后响应消失。因此，澳中出口强度变化会对新中出口强度产生一个短暂的正影响。但当给新中出口强度一个外部冲击后，澳中出口强度并没有出现显著的响应结果，也就是说新中出口强度变化不会对澳中出口强度产生影响。因此，总体上澳中出口强度变化会影响新中出口强度，而后者变化不会对前者产生影响。

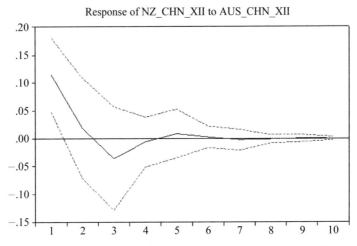

图 3.18　新中出口强度对澳中出口强度冲击的脉冲响应分析

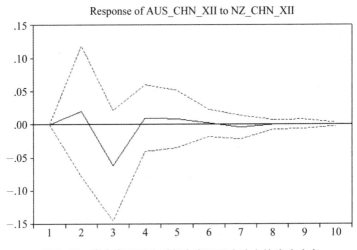

图 3.19　澳中出口强度对新中出口强度冲击的脉冲响应

接着,我们检验中澳出口强度与中新出口强度的脉冲响应关系,图 3.20 和 3.21 描述了检验结果。从中可以看到,当给中澳出口强度一个外部冲击后,中新出口强度会在之后 1 期出现显著的正响应,然后响应消失,也就是说中澳出口强度变化会对中新出口强度产生一个短暂的正影响。当给中新出口强度一个外部冲击后,中澳出口强度基本上没有显著的响应结果①,也就是说中新出口强度变化基本不会对中澳出口强度产生影响。因此,总体上澳中出口强度变化会影响新中出口强度,而后者变化不会对前者产生影响。

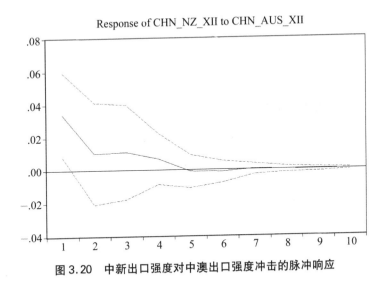

图 3.20　中新出口强度对中澳出口强度冲击的脉冲响应

---

① 这里第 2 期出现了正的显著响应,但相对来说,它的标准差较大且 95% 显著区间距离水平轴也很近。

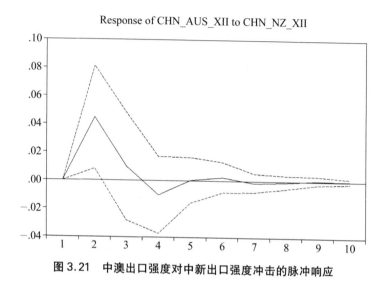

图 3.21　中澳出口强度对中新出口强度冲击的脉冲响应

　　类似的,我们也检验进口强度的脉冲响应关系,图 3.22 和图 3.23 首先描述了澳中进口强度和新中进口强度的脉冲响应结果。从中可以看到,给澳中进口强度一个外部冲击后,新中进口强度会在之后 1 期出现显著的正响应,然后响应消失,即澳中出口强度变化会对新中出口强度产生一个短暂的正影响。但给新中进口强度一个外部冲击后,澳中进口强度并没有出现显著的响应结果,即新中进口强度变化不会对澳中进口强度产生影响。因此,总体来说澳中进口强度变化会影响新中进口强度,但后者变化不会影响前者。

Response of NZ_CHN_MII to AUS_CHN_MII

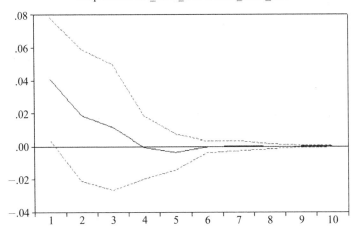

图 3.22 新中进口强度对澳中进口强度冲击的脉冲响应分析

Response of AUS_CHN_MII to NZ_CHN_MII

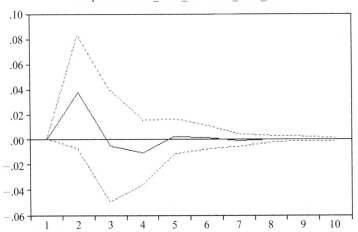

图 3.23 澳中进口强度对新中进口强度冲击的脉冲响应

　　最后,我们检验中澳与中新进口强度的脉冲响应关系,图
3.24 和图 3.25 描述了检验结果。可以看到,在给中澳进口强度
一个外部冲击后,中新进口强度会在之后 1 期出现显著的正响应,
然后响应消失。但给中新进口强度一个外部冲击后,中澳进口强
度并没有出现显著的响应结果。因此,总体来说中澳进口强度变化
会影响中新进口强度,而中新进口强度变化不会影响中澳进口
强度。

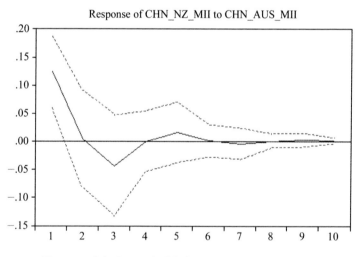

图 3.24　中新进口强度对中澳进口强度冲击的脉冲响应

　　通过以上的脉冲响应分析,我们基本可以得到结论,当中国与
澳大利亚的贸易强度发生变化时,中国与新西兰的贸易强度会受

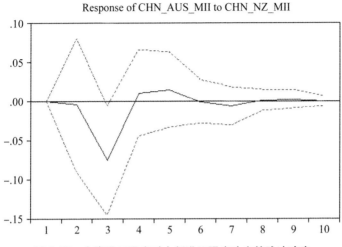

Response of CHN_AUS_MII to CHN_NZ_MII

图 3.25　中澳进口强度对中新进口强度冲击的脉冲响应

到影响且跟着同向变动；而当中国与新西兰的贸易强度发生变化时，中国与澳大利亚的贸易强度基本不受到影响。这一结果与理论预期基本一致，后续的研究中我们将基于微观层面数据对此做更细致的考察。

3.5　本章小结

本章我们从贸易规模、贸易结构与贸易指数三方面描述了中国与新西兰的贸易以及中国与澳大利亚的贸易发展、现状与特点，并重点对两者进行了比较分析。

首先,从贸易规模上看,2015 年新西兰对中国进口 71.1 亿美元,出口 60.1 亿美元,规模分别是 1989 年的 74.8 倍和 34.3 倍。而 2015 年澳大利亚对中国进口 462.9 亿美元,出口 610.1 亿美元,规模分别是 1989 年的 49.2 倍和 75.8 倍。总体上,中新贸易与中澳贸易基本保持高速增长趋势。当然,由于本身经济体量的差异,中澳贸易的规模要明显大于中新贸易,但从增长趋势上看,中新与中澳贸易基本保持同向变动。特别是最近两年受到中国经济增速放缓的影响,两国与中国的贸易规模都有一定程度的下降。

其次,从贸易结构上看,2015 年新西兰对中国出口最多的是乳制品,规模达到 17.3 亿美元。而且当年新西兰对中国出口前十的均为农产品,这也体现了新西兰对外出口的主要优势产品就是农产品。而 2015 年澳大利亚对中国出口最多的是矿石,规模达到 326.9 亿美元。当年澳大利亚对中国出口前十的行业除了各种矿产资源,其余也为农产品,如羊毛、肉类等,这些也正是澳大利亚对外出口的主要优势产品。从两国对中国进口的产品看,基本都是轻工业制品以及部分大型制造业产品,这也正是中国在国际贸易中的主要比较优势产品。

最后,从贸易指数上看,我们分别计算了两国与中国的贸易强度指数、进口强度指数、出口强度指数以及主要产品的显示性比较优势指数。从强度指数上看,无论出口、进口还是总体指数,澳大利亚对中国(或中国对澳大利亚)的强度指数都明显高于新西兰对中国(或中国对新西兰)的强度指数,但两国强度指数的趋势是基本一致的,也就是说两国与中国的贸易强度基本保持同向变动。从显示性比较优势指数上看,新西兰和澳大利亚的主要出口产品(比如新西兰的乳制品、澳大利亚的矿石等)在全球都有非常明显的比较优势,相对来说,中国的主要出口产品其在全球的比较优势相对要小些。

总体来说,本章我们对中新与中澳贸易进行了全面细致的描述和比较,从对比结果看,中新与中澳贸易具有比较明显的同向变动趋势,但基于脉冲响应分析的结果显示,中澳贸易强度变化会影响中新贸易强度,而后者变化对前者并无显著影响。对此,接下来的章节我们将通过对微观数据的实证分析进一步检验中新与中澳贸易的关系,从而为后续详细探讨中澳贸易自由化的影响奠定基础。

4

中澳贸易对中新贸易影响的实证检验

4.1 引言

众所周知,新西兰与澳大利亚同属大洋洲,两国在地理位置上距离较近。由于气候、地理、环境等因素的影响,新西兰和澳大利亚总体在资源禀赋上比较接近,两国的羊毛、肉类等农产品在全球市场上具有很强的竞争力。不过与新西兰相比,澳大利亚富含矿产资源,是全球主要的矿产出口国。

长期以来,中国一直与澳大利亚和新西兰保持密切的贸易往来。近年来,尤其是 21 世纪初中国加入 WTO 以后,中国与澳大利亚和新西兰的贸易规模迅速增长,2015 年中澳的贸易总额已经达到 1 073 万亿美元,中新的贸易总额也有 13 万亿美元。

考虑到中国与澳大利亚和新西兰在贸易结构上具有较强的互补性,近年来,中国与新西兰和澳大利亚相继签订了双边自贸协定,以进一步加强国家间的贸易往来。根据此前基于历史数据的分析,我们发现中新与中澳贸易之间可能存在一定的互补关系。考虑到中澳的贸易体量较大,这种互补关系对于中新两国间的贸易可能会有重要影响。

因此,本章我们将通过实证分析详细检验中澳贸易对中新贸易的可能影响。考虑到 2015 年中澳正式签订的双边自贸协定,这种贸易间的影响对于中国、新西兰以及澳大利亚贸易、经济和相关政策具有一定的意义和价值。本章中,我们将采用引力模型对该影响进行实证检验,通过基准回归分析、子样本分析、稳健性检验以及工具变量回归等一系列实证分析,为中澳贸易对中新贸易的影响提供经验证据。

本章余下部分安排如下:首先是模型设定,介绍本书的回归分析模型;其次是数据来源与变量选择,介绍本书的数据来源和主要变量的构建方法;接着是实证结果和解释,报告本书的实证结果,并对实证结果进行分析和解释;最后是本章小结。

4.2　模型设定

引力模型最早出现在 20 世纪 60 年代,Tinbergen(1962)和 Pöyhönen(1963)指出,双边贸易的规模与贸易双方的经济总量正相关,同时与贸易双方的地理距离成反比。此后,引力模型被广泛地应用在双边贸易的分析和研究(Frankel,1997;Yamarik & Ghosh 2005;Disdier & Head,2008)。

考虑到其他因素对贸易的影响,后续许多学者也对引力模型进行了改进。Linnemann(1996)在引力模型中加入了人口变量,Bergstrand(1985)在引力模型中加入了汇率以及人均 GDP 等变量,这些模型都在一定程度上较好地解释双边贸易流量。此外,诸如殖民地、文化、语言等变量先后也被加入引力模型,也都获得了较好的研究成果(Rose,2000;Martinez-Zarzoso,2003;Lewer & Van den Berg,2008)。

本章我们的实证模型是基于引力模型的拓展,参考已有研究,我们将基准模型设定如下:

$$exNZ_{it} = \beta_0 + \beta_1 exAUS_{it} + \beta_2 z_i + \beta_3 year_t + \varepsilon_{it} \quad (4.1)$$

$$imNZ_{it} = \beta_0 + \beta_1 imAUS_{it} + \beta_2 z_i + \beta_3 year_t + \varepsilon_{it} \quad (4.2)$$

其中,被解释变量 $exNZ_{it}$ 和 $imNZ_{it}$ 分别表示中国对新西兰的出口贸易和进口贸易,解释变量 $exAUS_{it}$ 和 $imAUS_{it}$ 分别为中国对澳大利亚的进口贸易和出口贸易,控制变量中 z_i 表示不随时间变化的个体固定效应,$year_t$ 代表年份固定效应,引力模型中其他控制变量,如主要国家的 GDP、两国之间的地理距离等均包含在固定效应中。我们对进口贸易和出口贸易分别检验。

4.3 数据来源与变量选择

我们使用 1996 年到 2015 年的面板数据进行研究,贸易数据来自联合国商品贸易统计数据库,即 UN Comtrade。由于 UN Comtrade 不提供欧盟整体的数据,因此,我们将中国与欧盟 28 国的贸易数据加总,从而得到中国与欧盟贸易的整体数据①。

为保证数据的质量,我们采用 HS 六位商品编码,并采用剔除通胀影响的真实值进行回归。中国、新西兰以及澳大利亚三国的 GDP 数据来自世界银行公开数据,并以 2011 年为基期按购买力评价核算。澳大利亚常住中国人口数据来自澳大利亚统计局,澳

---

① 在本书的样本期内,欧盟经历过三次扩张,基于稳健性考虑,我们也使用样本期初的 15 国加总进行检验,实证结果也都保持一致。

大利亚公民入境中国人次来自中国国家统计局。表 4.1 描述了主要变量的定义和计算。

表 4.1　主要变量定义

变量	定　义
$exNZ$	每年中国对新西兰各行业的出口规模,取自然对数
$imNZ$	每年中国对新西兰各行业的进口规模,取自然对数
$exAUS$	每年中国对澳大利亚各行业的出口规模,取自然对数
$imAUS$	每年中国对澳大利亚各行业的进口规模,取自然对数
$exUS$	每年中国对美国各行业的出口规模,取自然对数
$imUS$	每年中国对美国各行业的进口规模,取自然对数
$exEU$	每年中国对欧盟各行业的出口规模,取自然对数
$imEU$	每年中国对欧盟各行业的进口规模,取自然对数
$exJPN$	每年中国对日本各行业的出口规模,取自然对数
$imJPN$	每年中国对日本各行业的进口规模,取自然对数
$gdpCHN$	每年中国 GDP,取自然对数
$gdpNZ$	每年新西兰 GDP,取自然对数
$gdpAUS$	每年澳大利亚 GDP,取自然对数
$entryAUS$	每年澳大利亚的常住中国人数,取自然对数
$entryCHN$	每年中国的澳大利亚入境人次,取自然对数

4.4　实证结果与解释

4.4.1　描述统计与相关性分析

表 4.2 报告了主要变量的描述统计结果,由于是分行业贸易

数据,因此总体上不同行业的差异较大,不过对比中国与不同国家的贸易行业均值和中位数,可以看到,中新双边贸易的规模相对较少,中美、中欧、中日以及中澳的双边贸易,其行业均值和中位数明显更大。从 GDP 数据上看,中国的 GDP 规模最大,并且总体增速较快,新西兰的 GDP 规模最小,并且新西兰和澳大利亚的 GDP 增速相对较慢。

表 4.2 主要变量描述统计

变量	最小值	最大值	标准差	均值	中位数
$exNZ$	0	18.922	5.825	5.807	6.683
$imNZ$	0	21.703	4.154	2.005	0
$exAUS$	0	21.679	6.206	8.724	11.027
$imAUS$	0	24.625	5.610	5.085	0
$exUS$	0	24.266	6.212	11.613	13.560
$imUS$	0	23.392	5.469	10.805	12.213
$exEU$	0	24.099	5.974	13.380	15.362
$imEU$	0	24.098	5.318	13.812	15.334
$exJPN$	0	22.583	5.670	11.721	13.395
$imJPN$	0	23.469	5.580	11.544	13.019
$gdpCHN$	28.848	30.475	0.5161	29.667	29.632
$gdpNZ$	25.297	25.751	0.1422	25.560	25.602
$gdpAUS$	27.069	27.646	0.1731	27.387	27.397
$entryAUS$	11.684	13.021	0.4451	12.356	12.335
$entryCHN$	2.752	4.349	0.523	3.700	3.898

表 4.3 和表 4.4 分别描述了出口和进口回归的主要变量相关性分析。从中可以看到,中国对澳大利亚的进出口贸易与中国对其他主要贸易伙伴的进出口贸易额相关性较高,其中进口贸易的相关性略低于出口贸易的相关性。这表明,中国对澳大利亚的贸易可能会受到中国对其他国家贸易的影响,因此,我们在后面的回归中加入中国与主要贸易伙伴的贸易额以控制其影响。

表 4.3　回归变量相关性分析(出口)

	$exAUS$	$exUS$	$exEU$	$exJPN$	$gdpNZ$	$gdpAUS$	$gdpCHN$
$exAUS$	1						
$exUS$	0.707	1					
$exEU$	0.619	0.693	1				
$exJPN$	0.613	0.643	0.575	1			
$gdpNZ$	0.195	0.121	0.138	0.062	1		
$gdpAUS$	0.194	0.120	0.134	0.059	0.983	1	
$gdpCHN$	0.191	0.117	0.130	0.059	0.966	0.993	1

表 4.4　回归变量相关性分析(进口)

	$imAUS$	$imUS$	$imEU$	$imJPN$	$gdpNZ$	$gdpAUS$	$gdpCHN$
$imAUS$	1						
$imUS$	0.448	1					
$imEU$	0.336	0.563	1				
$imJPN$	0.357	0.595	0.587	1			
$gdpNZ$	0.043	0.051	0.140	-0.007	1		

	imAUS	*imUS*	*imEU*	*imJPN*	*gdpNZ*	*gdpAUS*	*gdpCHN*
gdpAUS	0.038	0.052	0.138	−0.010	0.983	1	
gdpCHN	0.034	0.053	0.133	−0.011	0.967	0.993	1

4.4.2 中澳对中新出口的影响

首先,我们直接检验中澳对中新出口的影响,表4.5描述了中澳出口贸易对中新出口贸易的基准回归结果。从中我们可以看到,第一列是未加入任何控制变量的回归结果,中澳出口贸易的回归系数为0.706,在1%的水平上显著为正,表明中国对澳大利亚的出口每增长1%,中国对新西兰的出口会增长0.706%。第二列是根据引力模型加入了中国、新西兰以及澳大利亚GDP作为控制变量的回归结果,中澳出口贸易的回归系数为0.686,也在1%水平上显著,表明控制主要国家GDP的影响后,随着中国对澳大利亚出口的增加,中国对新西兰的出口也会增加。

第三列是进一步控制了行业固定效应的回归结果,中澳出口贸易的回归系数为0.290,也在1%水平上显著,表明控制行业固定效应的结果保持稳健。最后,第四列是同时控制行业固定效应和年份固定效应的结果,此时各国的GDP变量由于共线被删除,而中澳出口贸易的回归系数为 0.289，仍然在 1%水平上显著，表明我们的实证结果是相当稳健的。

对于控制变量，第二列的中国与新西兰 GDP 回归系数为正，且分别在 5%和 1%水平上显著；第三列中的中国与新西兰 GDP 回归系数也为正，且都在 5%和 1%水平上显著，均符合引力模型的预期。

表 4.5　中澳对中新出口的基准检验

Variable	(1) exNZ	(2) exNZ	(3) exNZ	(4) exNZ
exAUS	0.706*** (0.002)	0.686*** (0.002)	0.290*** (0.006)	0.289*** (0.006)
gdpCHN		0.134** (0.066)	0.546*** (0.056)	
gdpNZ		4.376*** (0.455)	8.060*** (0.495)	
Constant	−0.311*** (0.016)	−101.1*** (4.341)	−191.6*** (4.574)	1.083*** (0.0729)
yearFE	No	No	No	Yes
commodityFE	No	No	Yes	Yes
Commodities	5,606	5,606	5,606	5,606
R-squared	0.560	0.570	0.300	0.300
Observations	92,398	92,370	92,370	92,398

注：被解释变量为中国对新西兰的出口，括号内为 white 稳健型标准误，* 表示在 10%水平上显著，** 表示在 5%水平上显著，*** 表示在 1%水平上显著。

其次,我们在模型中考虑其他贸易伙伴国的影响。考虑到中国、美国、欧盟以及日本,这些国家和地区对新西兰和澳大利亚的贸易总额分别占据了两国各自贸易总额的 70% 以上,因此,我们在模型中加入中美、中欧以及中日的出口贸易,表 4.6 描述了这一稳健性检验的回归结果,所有模型均控制了行业和年份固定效应。

表 4.6 考虑其他伙伴国的中澳对中新出口的检验

Variable	(1) exNZ	(2) exNZ	(3) exNZ	(4) exNZ
exAUS	0.266*** (0.006)	0.283*** (0.006)	0.267*** (0.006)	0.247*** (0.006)
exUS	0.106*** (0.005)			0.089*** (0.005)
exEU		0.042*** (0.005)		0.022*** (0.004)
exJPN			0.123*** (0.006)	0.109*** (0.006)
Constant	0.221** (0.088)	0.661*** (0.089)	−0.097 (0.094)	−0.900*** (0.114)
yearFE	Yes	Yes	Yes	Yes
commodityFE	Yes	Yes	Yes	Yes
Commodities	5,606	5,606	5,606	5,606
R-squared	0.308	0.302	0.309	0.315
Observations	92,398	92,398	92,398	92,398

注:被解释变量为中国对新西兰的出口,括号内为 white 稳健型标准误,* 表示在 10% 水平上显著,** 表示在 5% 水平上显著,*** 表示在 1% 水平上显著。

从中我们可以看出,第一列是仅加入中国对美国的出口贸易,中国对澳大利亚出口贸易的回归系数为 0.266,在 1% 水平上显著;第二列是仅加入中国对欧盟的出口贸易,中国对澳大利亚出口贸易的回归系数为 0.283,在 1% 水平上显著;第三列是仅加入中国对日本的出口贸易,中国对澳大利亚出口贸易的回归系数为 0.267,在 1% 水平上显著;第四列同时加入中国对美国、中国对欧盟以及中国对日本的出口贸易,中国对澳大利亚出口贸易的回归系数为 0.247,也在 1% 水平上显著。

因此,在控制了主要贸易伙伴国的影响后,中国对澳大利亚出口贸易的回归系数仍然显著为正,表明随着中国对澳大利亚出口的增加,中国对新西兰出口也会增加,这一结果是稳健的。

接下来,我们考虑对回归样本的不同子样本做检验,表 4.7 报告了主要回归结果。我们在子样本回归中均控制行业和年份固定效应以及中美、中欧和中日出口的影响。

我们先按行业分组检验,表 4.7 的第一列是对所有农业样本进行回归的结果,可以看到,中澳出口的回归系数为 0.212,在 1% 水平上显著;表 4.7 的第二列是对所有制造业样本做回归的结果,可以看到,中澳出口的回归系数为 0.250,略高于农产品回归结果,也在 1% 水平上显著。

表 4.7　中澳对中新出口的子样本检验

Variable	(1) exNZ	(2) exNZ	(3) exNZ	(4) exNZ	(5) exNZ	(6) exNZ
exAUS	0.212*** (0.018)	0.250*** (0.006)	0.099*** (0.007)	0.211*** (0.008)	0.209*** (0.006)	0.116*** (0.011)
exUS	0.085*** (0.011)	0.088*** (0.005)	0.021*** (0.006)	0.094*** (0.006)	0.071*** (0.005)	0.059*** (0.011)
exEU	0.034*** (0.010)	0.018*** (0.005)	0.010** (0.005)	0.041*** (0.006)	0.012*** (0.004)	0.044*** (0.009)
exJPN	0.077*** (0.013)	0.107*** (0.006)	0.046*** (0.007)	0.083*** (0.007)	0.081*** (0.006)	0.053*** (0.011)
Constant	−0.882*** (0.300)	−0.795*** (0.124)	1.662*** (0.149)	0.787*** (0.156)	−0.040 (0.120)	3.687*** (0.267)
yearFE	Yes	Yes	Yes	Yes	Yes	Yes
commodityFE	Yes	Yes	Yes	Yes	Yes	Yes
Commodities	729	4,877	4,955	5,481	5,441	5,061
R-squared	0.189	0.328	0.060	0.165	0.247	0.048
Observations	9,505	82,893	26,767	65,631	59,923	32,475

注：被解释变量为中国对新西兰的出口，模型(1)为农业样本，模型(2)为制造业样本，模型(3)为 2001 年以及之前的样本，模型(4)为 2001 年之后的样本，模型(5)为 2008 年以及之前的样本，模型(6)为 2008 年之后的样本，括号内为 white 稳健性标准误，* 表示在 10%水平上显著，** 表示在 5%水平上显著，*** 表示在 1%水平上显著。

考虑到中国加入 WTO 的可能影响，我们将样本按 2001 年前后进行分组检验，表 4.7 的第三列是对 2001 年以前样本的回归结果，可以看到，中澳出口的回归系数为 0.099，在 1%水平上显著；

表 5.7 的第四列是对 2001 年以后样本的回归结果,可以看到,中澳出口的回归系数为 0.211,相比 2001 年之前明显提高,也在 1‰ 水平上显著。

此外,考虑 2008 年中国与新西兰签订自由贸易协定的可能影响,我们进一步将样本按 2008 年前后做分组检验,表 4.7 的第五列是对 2008 年以前样本的回归结果,可以看到,中澳出口的回归系数为 0.209,在 1‰ 水平上显著;表 4.7 的第六列是对 2008 年以后样本的回归结果,可以看到,中澳出口的回归系数为 0.116,相比之前有所减少,但仍在 1‰ 水平上显著。

总体来看,我们分不同子样本检验的结果表明,中澳出口对中新出口影响的结果仍然保持稳健。

表 4.8 报告了中澳对中新出口的其他检验结果。考虑到中国对新西兰和澳大利亚出口的行业差异,我们剔除了中国对两国出口前十行业中两个不重叠的行业,即其他纺织业和非铁轨车辆及其零部件,表 4.8 的第一列描述了回归结果,中澳出口贸易的回归系数为 0.245,在 1‰ 水平上显著。接着,从中澳和中新贸易的总体趋势上看,2012 年以后两者均出现了不同程度的下滑,因此我们剔除 2013、2014、2015 年的观测值进行回归,表 4.8 的第二列描述了回归结果,中澳出口贸易的回归系数为 0.235,也在 1‰ 水平上显著。

表4.8 中澳对中新出口的其他检验

Variable	(1) exNZ	(2) exNZ	(3) exNZ
exAUS	0.245*** (0.006)	0.235*** (0.006)	0.0010*** (0.0003)
exUS	0.089*** (0.005)	0.084*** (0.005)	−0.0001*** (0.0000)
exEU	0.022*** (0.004)	0.016*** (0.004)	0.0001 (0.0001)
exJPN	0.109*** (0.006)	0.102*** (0.006)	0.0001*** (0.0000)
Constant	−0.944*** (0.115)	−0.640*** (0.116)	
yearFE	Yes	Yes	Yes
commodityFE	Yes	Yes	Yes
Commodities	5,466	5,569	4,100
R-squared	0.313	0.289	
Observations	89,905	78,616	76,953

注：被解释变量为中国对新西兰的出口,模型(1)为剔除其他纺织品以及非铁轨车辆以及零部件的样本,模型(2)为剔除2012年之后的样本,模型(3)采用Poisson伪极大似然法回归,括号内为white稳健性标准误,*表示在10%水平上显著,**表示在5%水平上显著,***表示在1%水平上显著。

此外,考虑到OLS估计可能存在的异方差问题(Tenreyro,2006；Fally,2015),我们采用Poisson伪极大似然法直接对不经过对数处理的水平值进行估计。表4.8的第三列描述了回归结果,此时中澳贸易的回归系数为0.001,仍然在1%水平上显著。因此,上述检验的结果也都表明中澳出口对中新出口影响的回归结果是稳健的。

　　为进一步考察中澳出口对中新出口的影响,我们对所有贸易变量进行差分处理,表 4.9 报告了中澳出口对中新出口的差分检验结果。其中,第一列是不控制年份固定效应和中新澳 GDP 的结果,此时中澳出口贸易一阶差分的回归系数为 0.057,在 1% 水平上显著为正。第二列是控制中新澳 GDP 但不控制年份固定效应的结果,此时中澳出口贸易一阶差分的回归系数为 0.056,在 1% 水平上显著为正。第三列进一步控制了年份固定效应,此时中澳出口贸易一阶差分的回归系数为 0.055,在 1% 水平上显著为正。

表 4.9　中澳对中新出口的差分检验

$Variable$	(1) $\Delta exNZ$	(2) $\Delta exNZ$	(3) $\Delta exNZ$
$\Delta exAUS$	0.057*** (0.005)	0.056*** (0.005)	0.055*** (0.005)
$\Delta exUS$	0.027*** (0.005)	0.026*** (0.005)	0.025*** (0.005)
$\Delta exEU$	0.014*** (0.004)	0.012*** (0.004)	0.011*** (0.004)
$\Delta exJPN$	0.022*** (0.005)	0.021*** (0.005)	0.020*** (0.005)
$gdpCHN$		0.960*** (0.220)	
$gdpNZ$		7.678*** (0.631)	

续表

Variable	(1) $\Delta exNZ$	(2) $\Delta exNZ$	(3) $\Delta exNZ$
Constant	0.252*** (0.002)	−0.057 (0.056)	0.299*** (0.060)
yearFE	No	No	Yes
commodityFE	Yes	Yes	Yes
Commodities	5,425	5,424	5,425
R-squared	0.005	0.007	0.007
Observations	84,668	84,632	84,668

注：被解释变量为中国对新西兰出口的一阶差分，括号内为 white 稳健性标准误，∗ 表示在 10％水平上显著，∗∗ 表示在 5％水平上显著，∗∗∗ 表示在 1％水平上显著。

差分的回归结果表明，中国对澳大利亚出口贸易的增量与中国对新西兰的出口贸易的增量存在正向影响，因此，中澳出口贸易对中新出口贸易的影响确实显著为正。

最后，考虑到可能存在的内生性问题，我们采用工具变量两阶段最小二乘估计对基准模型做进一步检验。在工具变量的选择上，自 Gould（1994）研究发现移民对两国双边贸易有促进作用以来，许多研究也都表明，由于移民对本国产品更强的消费偏好，移民数量的增加会显著提高两国间的贸易往来（Trefler，1995；Kulendran & Wilson，2000；Rauch & Trindade，2002；Peri & Requena，2010；Genc et al.，2011；Mundra，2014）。

因此,我们选取在澳大利亚常住且出生地登记为中国的居民人口作为中国对澳大利亚出口贸易额的工具变量。常住在澳大利亚的中国移民会倾向于购买中国的产品,并且移民与中国的关系网有助于消除信息不对称等问题,因此比较适合作为主解释变量的工具变量。

表 4.10 报告了中澳对中新出口的两阶段最小二乘估计回归结果。第一列报告了第一阶段的回归结果,可以看到,工具变量澳大利亚中国居民的回归系数为 2.654,且在 1% 水平上显著,这说明在澳大利亚常住的中国人口数量确实对中澳出口贸易有显著影响。第二列报告了第二阶段的回归结果,可以看到,中澳出口贸易的回归系数为 0.698,并在 1% 水平上显著,这说明在考虑了可能的内生性问题后,我们的回归结论依然成立。

表 4.10　中澳对中新出口的 IV 检验

Variable	(1) exAUS	(2) exNZ
entryAUS	2.654*** (0.370)	
exAUS		0.698*** (0.153)
exUS	0.182*** (0.005)	0.005 (0.028)
exEU	0.105*** (0.005)	−0.028* (0.017)
exJPN	0.185*** (0.005)	0.026 (0.028)

Variable	(1) exAUS	(2) exNZ
gdpCHN	−3.077*** (0.471)	0.236 (0.249)
gdpNZ	2.477*** (0.491)	4.827*** (0.731)
Commodities	5,490	5,490
Observations	87,937	87,937

注：被解释变量为中国对新西兰的出口,工具变量为在澳大利亚常住的出生地为中国的居民人数,括号内为 white 稳健性标准误, * 表示在 10% 水平上显著, * * 表示在 5% 水平上显著, * * * 表示在 1% 水平上显著。

总体上看,我们的中澳出口贸易对中新出口贸易回归结果显示,当中澳出口贸易增加(或减少)时,中新出口贸易也会增加(或减少)。这表明,从出口来看中澳贸易对中新贸易可能具有一定的正向互补影响。接下来,我们将继续分析进口贸易的影响。

4.4.3 中澳对中新进口的影响

类似的,我们也直接检验中澳对中新进口的影响,表 4.11 描述了中澳进口贸易对中新进口贸易的基准回归结果。从中我们可以看到,第一列是未加入任何控制变量的回归结果,中澳进口贸易的回归系数为 0.339,在 1% 的水平上显著为正。第二列是加入了中国、新西兰以及澳大利亚 GDP 作为控制变量的回归结果,此时中澳进口贸易的回归系数为 0.332,也在 1％水平上显著,表明控制主要国家 GDP 的影响后,随着中国对澳大利亚进口的增加,中国对新西兰的进口也会增加。

表 4.11　中澳对中新进口的基准检验

Variable	(1) imNZ	(2) imNZ	(3) imNZ	(4) imNZ
imAUS	0.339*** (0.003)	0.332*** (0.003)	0.080*** (0.004)	0.084*** (0.004)
gdpCHN		0.152** (0.069)	0.163*** (0.051)	
gdpNZ		1.464*** (0.438)	3.983*** (0.429)	
Constant	0.276*** (0.010)	−43.04*** (4.126)	−64.40*** (3.730)	0.905*** (0.047)
yearFE	No	No	No	Yes
commodityFE	No	No	Yes	Yes
Commodities	6,047	6,047	5,614	6,047
R-squared	0.218	0.207	0.035	0.036
Observations	105,286	95,944	95,944	105,285

注:被解释变量为中国对新西兰的进口,括号内为 white 稳健型标准误,＊表示在 10％水平上显著,＊＊表示在 5％水平上显著,＊＊＊表示在 1％水平上显著。

第三列是进一步控制了行业固定效应的回归结果,中澳进口贸易的回归系数为 0.080,也在 1％水平上显著,表明控制行业固定效应的结果保持稳健。最后,第四列是同时控制行业固定效应和年份固定效应的结果,此时各国的 GDP 变量由于共线被删除,而中澳进口贸易的回归系数为 0.084,仍然在 1% 水平上显著,表明我们的实证结果是相当稳健的。

对于控制变量,第二列的中国与新西兰 GDP 回归系数为正,且分别在 5% 和在 1% 水平上显著;第三列的中国与新西兰 GDP 回归系数也为正,且都在 1% 水平上显著为正,均符合引力模型的预期。

我们在模型中考虑其他贸易伙伴国的影响,类似出口贸易的研究,我们在模型中加入中美、中欧以及中日的进口贸易,表 4.12 描述了这一稳健性检验的回归结果,所有模型均控制了行业和年份固定效应。

表 4.12 考虑其他伙伴国的中澳对中新进口的检验

Variable	(1) imNZ	(2) imNZ	(3) imNZ	(4) imNZ
imAUS	0.079*** (0.004)	0.082*** (0.004)	0.081*** (0.004)	0.076*** (0.004)
imUS	0.054*** (0.004)			0.044*** (0.004)
imEU		0.036*** (0.004)		0.022*** (0.004)
imJPN			0.053*** (0.005)	0.040*** (0.005)

Variable	(1) imNZ	(2) imNZ	(3) imNZ	(4) imNZ
Constant	0.430*** (0.063)	0.536*** (0.063)	0.372*** (0.075)	−0.110 (0.091)
yearFE	Yes	Yes	Yes	Yes
commodityFE	Yes	Yes	Yes	Yes
Commodities	6,047	6,047	6,047	6,047
R-squared	0.039	0.037	0.038	0.041
Observations	105,285	105,285	105,285	105,285

注：被解释变量为中国对新西兰的进口，括号内为 white 稳健型标准误，* 表示在 10% 水平上显著，** 表示在 5% 水平上显著，*** 表示在 1% 水平上显著。

从中我们可以看出，第一列是仅加入中国对美国的进口贸易，中国对澳大利亚进口贸易的回归系数为 0.079，在 1% 水平上显著；第二列是仅加入中国对欧盟的进口贸易，中国对澳大利亚进口贸易的回归系数为 0.082，在 1% 水平上显著；第三列是仅加入中国对日本的进口贸易，中国对澳大利亚进口贸易的回归系数为 0.081，在 1% 水平上显著；第四列同时加入中国对美国、中国对欧盟以及中国对日本的进口贸易，中国对澳大利亚进口贸易的回归系数为 0.076，也在 1% 水平上显著。

因此，在控制了主要贸易伙伴国的影响后，中国对澳大利亚进口贸易的回归系数仍然显著为正，表明随着中国对澳大利亚进口的增加,中国对新西兰进口也会增加,这一结果是稳健的。

接下来,我们考虑对回归样本的不同子样本做检验,表 4.13 报告了主要回归结果。我们在子样本回归中均控制行业和年份固定效应以及中美、中欧和中日进口的影响。

表 4.13 中澳对中新进口的子样本检验

Variable	(1) imNZ	(2) imNZ	(3) imNZ	(4) imNZ	(5) imNZ	(6) imNZ
imAUS	0.118*** (0.016)	0.069*** (0.004)	0.030*** (0.006)	0.058*** (0.005)	0.057*** (0.004)	0.030*** (0.006)
imUS	0.042*** (0.013)	0.042*** (0.004)	0.025*** (0.005)	0.035*** (0.005)	0.037*** (0.004)	0.017*** (0.006)
imEU	0.035*** (0.009)	0.015*** (0.004)	0.015*** (0.004)	0.034*** (0.005)	0.016*** (0.003)	0.014** (0.006)
imJPN	0.042*** (0.013)	0.041*** (0.005)	0.005 (0.007)	0.028*** (0.006)	0.031*** (0.005)	0.010* (0.006)
Constant	0.951*** (0.193)	−0.188* (0.101)	0.769*** (0.111)	0.450*** (0.107)	0.212** (0.090)	1.391*** (0.110)
yearFE	Yes	Yes	Yes	Yes	Yes	Yes
commodityFE	Yes	Yes	Yes	Yes	Yes	Yes
Commodities	1,003	5,044	5,129	5,964	5,723	5,657
R-squared	0.050	0.042	0.008	0.013	0.034	0.003
Observations	14,126	91,159	30,733	74,552	68,208	37,077

注:被解释变量为中国对新西兰的进口,模型(1)为农业样本,模型(2)为制造业样本,模型(3)为2001年以及之前的样本,模型(4)为2001年之后的样本,模型(5)为2008年以及之前的样本,模型(6)为2008年之后的样本,括号内为 white 稳健性标准误,* 表示在10%水平上显著,** 表示在5%水平上显著,*** 表示在1%水平上显著。

我们先按行业分组检验,表 4.13 的第一列是对所有农业样本进行回归的结果,可以看到,中澳进口贸易的回归系数为 0.118,在 1% 水平上显著;表 4.13 的第二列是对所有制造业样本做回归的结果,可以看到,中澳进口贸易的回归系数为 0.069,数值上小于农业样本回归结果,但也在 1% 水平上显著。

类似的考虑中国加入 WTO 的可能影响,我们将样本按 2001 年前后进行分组检验,表 4.13 的第三列是对 2001 年以前样本的回归结果,可以看到,中澳进口贸易的回归系数为 0.030,在 1% 水平上显著;表 4.13 的第四列是对 2001 年以后样本的回归结果,可以看到,中澳进口贸易的回归系数为 0.058,相比 2001 年之前有所提高,也在 1% 水平上显著。

此外,考虑 2008 年中国与新西兰签订自由贸易协定的可能影响,我们进一步将样本按 2008 年前后做分组检验,表 5.13 的第五列是对 2008 年以前样本的回归结果,可以看到,中澳进口贸易的回归系数为 0.057,在 1% 水平上显著;表 4.13 的第六列是对 2008 年以后样本的回归结果,可以看到,中澳进口贸易的回归系数为 0.030,相比之前有所减少,但仍在 1% 水平上显著。

总体来看,我们分不同子样本检验的结果表明,中澳进口对中新进口影响的结果仍然保持稳健。

表 4.14 报告了中澳对中新进口的其他检验结果。考虑到中

国对新西兰和澳大利亚进口的行业差异,我们剔除了中国对两国进口前十行业中不重叠的行业,表 4.14 的第一列描述了剔除矿物、贵金属、矿物燃料、铜制品以及棉花等行业的回归结果,可以看到,中澳进口贸易的回归系数为 0.078,在 1% 水平上显著。接着,从中澳和中新贸易的总体趋势上看,2012 年以后两者均出现了不同程度的下滑,因此我们也剔除 2013、2014、2015 年的观测值进行回归,表 4.14 的第二列描述了回归结果,中澳进口贸易的回归系数为 0.069,也在 1% 水平上显著。

表 4.14 中澳对中新进口的其他检验

Variable	(1) imNZ	(2) imNZ	(3) imNZ
imAUS	0.078*** (0.004)	0.069*** (0.004)	9.83e-06*** (2.22e-06)
imUS	0.046*** (0.004)	0.040*** (0.004)	0.0005*** (2.75e-05)
imEU	0.023*** (0.004)	0.019*** (0.003)	4.81e-06 (6.00e-05)
imJPN	0.040*** (0.005)	0.039*** (0.005)	-0.0002*** (2.36e-05)
Constant	-0.119 (0.095)	0.001 (0.089)	
yearFE	Yes	Yes	Yes
commodityFE	Yes	Yes	Yes
Commodities	5,684	6,047	3,022

续表

Variable	(1) *imNZ*	(2) *imNZ*	(3) *imNZ*
R-squared	0.041	0.039	
Observations	98,627	89,697	59,209

注：被解释变量为中国对新西兰的进口，模型(1)为剔除澳新两国非竞争的矿业、能源、棉花、铜制品、蛋白、贵金属、木浆纤维等几个行业的样本，模型(2)剔除 2012 年之后的样本，模型(3)采用 Poisson 伪极大似然法回归，括号内为 white 稳健性标准误，＊表示在 10% 水平上显著，＊＊表示在 5% 水平上显著，＊＊＊表示在 1% 水平上显著。

此外，考虑到 OLS 估计可能存在的异方差问题，我们也类似采用 Poisson 伪极大似然法直接对不经过对数处理的水平值进行估计。表 4.14 的第三列描述了回归结果，此时中澳进口贸易的回归系数仍然在 1% 水平上显著。因此，上述检验的结果也都表明中澳进口对中新进口影响的回归结果是稳健的。

为进一步考察中澳进口对中新进口的影响，我们对所有贸易变量进行差分处理，表 4.15 报告了中澳进口对中新进口的差分检验结果。其中，第一列是不控制年份固定效应和中新澳 GDP 的结果，此时中澳进口贸易一阶差分的回归系数为 0.016，在 1% 水平上显著为正。第二列是控制中新澳 GDP 但不控制年份固定效应的结果，此时中澳进口贸易一阶差分的回归系数为 0.014，在 1% 水平上显著为正。第三列进一步控制了年份固定效应，此时中澳进口贸易一阶差分的回归系数为 0.015，在 1% 水平上显著为正。

表4.15 中澳对中新进口的差分检验

Variable	(1) $\Delta imNZ$	(2) $\Delta imNZ$	(3) $\Delta imNZ$
$\Delta imAUS$	0.016*** (0.003)	0.014*** (0.003)	0.015*** (0.003)
$\Delta imUS$	0.011*** (0.003)	0.010*** (0.003)	0.010*** (0.003)
$\Delta imEU$	0.009*** (0.002)	0.009*** (0.003)	0.008*** (0.002)
$\Delta imJPN$	0.002 (0.004)	0.001 (0.005)	0.000 (0.004)
$gdpCHN$		0.141 (0.195)	
$gdpNZ$		2.903*** (0.559)	
Constant	0.047*** (0.000)	−0.038 (0.049)	−0.094** (0.043)
yearFE	No	No	Yes
commodityFE	Yes	Yes	Yes
Commodities	6,044	5,418	6,044
R-squared	0.001	0.001	0.002
Observations	99,174	88,862	99,174

注：被解释变量为中国对新西兰进口的一阶差分,括号内为 white 稳健性标准误, * 表示在10%水平上显著, * * 表示在5%水平上显著, * * * 表示在1%水平上显著。

差分的回归结果表明,中国对澳大利亚进口贸易的增量与中国对新西兰的进口贸易的增量存在正向影响,因此,中澳进口贸易对中新进口贸易的影响确实显著为正。

最后,考虑到可能存在的内生性问题,我们也采用工具变量两阶段最小二乘估计对基准模型做进一步检验。由于中国不是传统意义上的移民国家，我们无法使用在中国生活的澳大利亚移民人数作为工具变量。Kulendran & Wilson(2002)研究认为，外国游客人数多表明该国开放程度较高，而这也会导致国际贸易额的增加，许多经验证据也表明，跨境旅游人次的增加会促进国家间的贸易增长（Satheesh & Russel，2003；赵多平等，2011；刘祥艳等，2016）。

因此，我们采用澳大利亚公民入境中国的人次作为中国对澳大利亚的进口额的工具变量。理论上看，入境人次越多表明澳大利亚人对中国的了解越多，从而提升了贸易伙伴间的形象，入境中国后归国的澳大利亚公民会将在中国的见闻传递给在澳大利亚的亲友，同时也会降低信息不对称等问题，从而间接降低了双边贸易成本以及促进两国直接的贸易。

表 4.16 报告了中澳对中新进口的两阶段最小二乘法估计结果。第一列报告了第一阶段的回归结果，可以看到工具变量澳大利亚公民入境中国人次的回归系数为 0.197，在 5% 水平上显著，这说明澳洲入境中国人次对中澳进口贸易有显著正向影响。第二列报告了第二阶段的回归结果，可以看到，中澳进口贸易的回归系数为 1.746，并且在 10% 水平上显著，说明在考虑了可能存在的内生性问题后，我们的回归结果仍然稳健。

表4.16 中澳对中新进口的 IV 检验

Variable	(1) imAUS	(2) imNZ
entryCHN	0.197** (0.097)	
imAUS		1.746* (0.911)
imUS	0.096*** (0.005)	−0.118 (0.088)
imEU	0.073*** (0.005)	−0.094 (0.067)
imJPN	0.104*** (0.006)	−0.131 (0.095)
gdpCHN	−2.264*** (0.324)	3.769* (2.038)
gdpNZ	4.881*** (0.605)	−5.375 (5.016)
Commodities	5,476	5,476
Observations	86,590	86,590

注：被解释变量为中国对新西兰的进口，工具变量为每年在澳大利亚长住的中国公民人数，括号内为 white 稳健性标准误，* 表示在10%水平上显著，** 表示在5%水平上显著，*** 表示在1%水平上显著。

　　与出口的结果类似，总体上看，我们的中澳进口贸易对中新进口贸易回归结果显示，当中澳进口贸易增加（或减少）时，中新进口贸易也会相应增加（或减少）。这也说明，从进口来看中澳贸易对中新贸易可能也具有一定的正向互补影响。

4.5　本章小结

　　近年来,尤其是 21 世纪初中国加入 WTO 以后,中国与澳大利亚和新西兰的贸易规模迅速增长,2015 年中澳的贸易总额已经达到 1 073 万亿美元,中新的贸易总额也有 13 万亿美元。

　　考虑到中国与澳大利亚和新西兰在贸易结构上具有较强的互补性,近年来,中国与新西兰和澳大利亚相继签订了双边自贸协定,以进一步加强国家间的贸易往来。考虑到此前基于历史数据的分析结果,中新与中澳贸易之间很可能存在一定的互补关系,而这种贸易间的影响对于中国、新西兰以及澳大利亚贸易、经济和相关政策具有相当的意义。

　　本章中,我们通过实证分析详细检验中澳贸易对中新贸易的可能影响,基于 1996—2015 年的 UN Comtrade 贸易数据,我们采用引力模型,并通过基准回归分析、考虑其他贸易伙伴影响的分析,不同子样本回归分析、稳健性检验分析、贸易额差分检验分析以及工具变量回归分析等一系列实证研究,详细检验了中澳贸易对中新贸易的影响。我们的实证结果显示:中国对澳大利亚出口贸易额的增加会推动中国对新西兰的出口贸易额的增加,而中国对澳大利亚进口贸易额的增加也会推动中国对新西兰的进口贸易额的增加。总体来说,中澳贸易对中新贸易确实存在一定的互补性影响。

本章的研究为此前中澳贸易与中新贸易关系的描述性统计提供了更详细有效的经验证据,从而也为中澳贸易自由化对中新贸易影响提供了重要的经验支持。2015年中澳双方正式签订双边自贸协定,根据协议的具体规定,中方将在2015年当年对946个澳大利亚进口商品削减关税,并且在签订协议的5年内中方将对绝大部分澳大利亚进口商品关税减至1‰以下。这种政策在行业上的差异化实施为我们研究中澳贸易自由化影响提供了理想的自然实验环境。因此,在接下来的章节中,我们将基于此直接检验中澳贸易自由化对中新贸易的影响,从而为该影响提供更直接的经验证据。

5

基于 GTAP 模型的中澳贸易自由化影响
模拟分析

5.1 引言

进入 21 世纪以来,由于 WTO 多哈回合谈判的受阻,使得全球范围内的区域经济一体化进程受到延缓和阻碍。与此同时,全球主要经济体开始寻求更多的区域性自由贸易。在北美自由贸易区和欧州联盟两大自贸区的基础上,由中国与马来西亚、印度尼西亚、泰国等东南亚十国成立的中国-东盟自由贸易区(CAFTA)于 2010 年正式全面启动,成为全球规模第三大的自由贸易区。此外,如欧盟与墨西哥自由贸易区、美洲自由贸易区等,也已经成为全球重要的区域性自由贸易区。

贸易自由化对有关国家和地区的贸易、经济、居民福利等都会产生重要影响（Baldwin & Venables，1995；Wang，2003；Chen et al.，2010）。一方面，由于贸易自由化降低了关税壁垒，促进了人口和资源的自由流动，从而使有关国家和地区的贸易水平、经济水平以及居民福利得到有效改善；但另一方面，由于国际贸易需要考虑多边影响，部分国家和地区间的贸易自由化可能会阻碍与其他国家和地区的国际贸易（Furusawa & Konishi，2007；Zhang et al.，2011）。因此对于贸易自由化的影响需要从全球化的一般均衡视角进行考察。

澳大利亚和新西兰作为我国重要的贸易伙伴，近年来我们在推进与其进行贸易自由化上均取得了很大进展。其中，2004 年中国与新西兰正式开启双边自贸谈判，经过 3 年多的共同协商和努力，中国-新西兰自由贸易区于 2008 年正式启动；而中国与澳大利亚也于 2005 年正式开启自贸谈判，并经过 10 年的磋商，于 2015 年正式启动中国-澳大利亚自由贸易区。

由于地理位置、气候和历史等原因，澳大利亚与新西兰在产业结构上存在很多相近之处。考虑到此前澳大利亚和新西兰已经签订生效的跨塔斯曼海等协议，2015 年正式启动的中澳贸易自由化本质上使得中新澳三国已经形成了贸易自由化共同体。因此，分析中澳自由贸易对于中新澳三国的经济、贸易、福利等可能的影响具有重要意义。

　　针对贸易自由化带来的可能影响,前期文献大多采用全球贸易分析模型(GTAP)进行研究和分析。从已有研究结果看,Ianchovichina & Walmsley(2003)研究发现,随着中国加入WTO,由于其出口到发达国家的比较优势产品——纺织品配额减少,这将导致东亚的发展中国家的福利明显减少;张光南等(2011)研究指出,如果中国内地和中国香港两地的贸易自由化进一步推进,将显著的改善两地的贸易、经济和福利,并促进两地产业结构升级;陈淑梅和倪菊华(2014)基于 GTAP 模型的模拟发现,如果亚太地区的 RECP 完全建成,绝大多数的相关国家和地区都要得到很大的益处,而中国绝大多数产业的进出口都将得到一定程度的增长,不过不同产业结构间仍存在明显的转移效应。

　　值得注意的是,李丽等(2008)采用 GTAP 模型研究了中新自由贸易区对两国的影响,结果发现我国 GDP 和福利水平会受到负面冲击,而新西兰的 GDP 和福利会有很大提高;不过彭秀芬(2009)的模拟结果却显示,中新贸易自由化会使中国的国民福利水平显著提高,而且对我国乳制品的冲击也不大,不过中新澳自由贸易区将增加对我国乳制品行业的冲击。

　　本章中我们将重点分析中澳贸易自由化对中国、新西兰以及澳大利亚等国家和地区的经济、贸易、福利等的影响。我们采用目前已发布的最新数据进行 GTAP 模拟,并分析贸易自由化如何影响不同国家和地区的 GDP、贸易以及福利状况,特别是对于不同行业的异质性影响。

本章余下部分安排如下:首先是 GTAP 模型结构,具体描述 GTAP 模型的结构、原理以及计算方法;其次是数据介绍,描述具体的数据来源以及行业和地区分组情况;接着是模拟结果和解释,基于 GTAP 模型进行实际模拟,并对所得结果进行分析和解释;最后是本章小结。

5.2　GTAP 模型结构

在分析贸易自由化对各国经济、产出、福利等方面的影响时,其实证分析方法主要有两类,即局部均衡分析和一般均衡分析(张光南等,2012)。考虑到一般均衡分析能够涵盖家庭、企业、政府等不同国民经济部门,并且将各部门的投入产出、居民消费函数、国际收支平衡等各项条件,基于多部门的一般均衡分析模型在理论架构上具备一致性。因此,本书也采用基于一般均衡框架的 GTAP 模型进行研究。

GTAP 模型是由来自美国 Purdue(普渡)大学的 Hertel 教授于 1993 年主持开发的基于 CGE 方法的多国多部门贸易分析模

型。GTAP 模型包含世界各国的双边贸易、交通运输、贸易保护政策,以及基于投入产出表构建的国家经济特征和联系数据,该数据由全球数百名研究者共同维护和更新。由于 GTAP 模型具有数据结构标准化、模型设定灵活以及较强的可扩展性,该模型自诞生以来已被广泛应用于如国际贸易关系、区域经济一体化以及不同外生冲击的经济影响等研究领域。

从模型结构上看,GTAP 模型包含三个部门,即家庭部门、企业部门和政府部门(见图 5.1)。其中,家庭部门和政府部门需要决定其储蓄和消费行为,企业部门主要考虑投入和产出决策。由于是在开放的经济体系中,家庭和政府支出包括购买本国产品和外国进口产品,同时企业的中间品投入和产品销售也包括本国市场和国际市场。

GTAP 模型假设家庭部门对产品的需求满足 CES 函数,而消费偏好则介于 CES 和 CDE 函数之间,即家庭对单个产品的消费量同时受到所有产品的价格变化以及个人总支出的影响,具体影响程度则与该产品的需求价格弹性、同其他产品的需求交叉价格弹性以及收入价格弹性有关。政府部门的产品需求也满足 CES 函数,并对本国产品和进口品综合加总。而且政府部门的效用满足柯布·道格拉斯效用函数。

GTAP 模型中的企业部门采用 Leontief 生产函数,同时假定

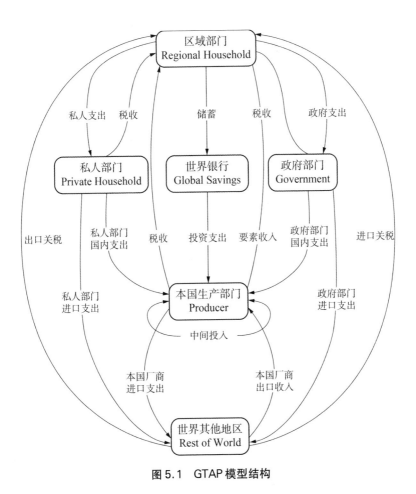

图 5.1　GTAP 模型结构

具有规模报酬不变和可分性,从而企业的投入产出比是固定的。根据 GTAP 模型的 Armington 假设,不同地区的中间品和产品之间不能完全互相替代。在开放经济体系框架下,企业同时从对本国部门和外国部门的产品销售中取得收入,并相应要支付来自本国和进口的中间品以及消费税负。

GTAP 模型包含五种生产要素,即资本、技术劳动、非技术劳动、土地以及自然资源。其中,产出与中间投入以及生产要素满足 Leontief 函数关系,即中间投入与生产要素之间是不可替代的。而产出的增加与中间投入以及资本、技术劳动、非技术劳动、土地和自然资源五种生产要素为 CES 函数关系。此外,由于中间投入包括本国产品和进口产品,故模型先用 CES 函数将不同来源的进口产品加权为综合进口中间产品,再用 CES 函数将本国中间产品与进口综合中间产品加权,从而得到最终的综合中间产品。

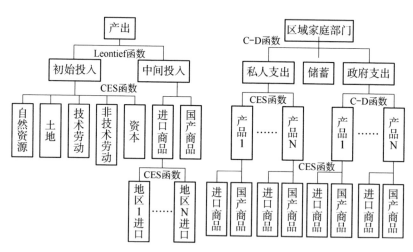

图 5.2　GTAP 模型生产技术结构

最后,GTAP 模型中的国际运输由各个地区的离岸价格(FOB-Free On Board)与到岸价格(CIF-Cost, Insurance and Freight)之差表示。在均衡状态下,国际运输的供给等于模型中所有地区对运输的需求。本国产品价格与需缴税费之和为国内价格,出口产品的离岸价格包括:本国价格、出口补贴和出口税,而出口产品的到岸价格在此基础上还要加上运输成本。对进口国来说,进口商品的价格为出口到岸价格再加上进口关税和消费税。

5.3   数据介绍

本章我们使用目前最新的 GTAP 9.0A 数据库,该版本于 2016 年 4 月 30 日正式发布,涵盖了 140 个国家 57 个行业部门的经济、贸易、税收等数据。相比上一版本的数据库,GTAP 9.0 版新增加了贝宁、布基纳法索、几内亚、多哥、卢旺达、文莱、约旦、多米尼加、波多黎各、特立尼达和多巴哥这 11 个国家和地区的数据。同时该版本也对巴西、哥伦比亚、巴拉圭、白罗斯、巴基斯坦、土耳其、中国、日本、韩国、新加坡、台湾、澳大利亚、新西兰、挪威、马拉维、莫桑比克、尼日利亚、塞内加尔、坦桑尼亚、赞比亚这 20 个国家和地区的数据进行了更新与完善。

在 GTAP 9.0 版基础上,最新的 GTAP 9.0A 数据库修正了前者出现的对欧盟 28 国经济数据严重低估的问题。最新版还增加了新的宏观数据、双边贸易数据、贸易保护数据、时间序列双边数据、新能源数据、修正过的 OECD 国家数据、关税分解和二氧化碳数据等内容。GTAP 9.0A 模型提供了如 Johansen、Euler、Gragg 等多种求解方法,参考张光南等(2012)的做法,我们在模型求解时采用精度较高的 Gragg 外推方法。

5.3.1 基于贸易特征的地区和行业分组

考虑到中国、新西兰以及澳大利亚三国各自的贸易特征,我们对 GTAP 模型中 140 个国家和地区进行分组加总。首先,我们将中国、新西兰和澳大利亚分别设为一组,其中,中国地区特指中国大陆地区,不包含港、澳、台地区。接着,考虑到全球主要经济体中美国、欧盟和日本占据重要地位,也是中国、新西兰和澳大利亚的主要贸易国家,我们也将其分别设组,这里的欧盟为德国、法国、意大利等 28 个国家和地区①。

此外,由于中国、新西兰和澳大利亚都在亚太经济区,因此我们也将亚洲地区的韩国单独分组。这一方面是由于韩国在亚洲的经济体量较大,同时韩国也是新西兰、澳大利亚乃至中国重要的贸

---

① 考虑到 2016 年 6 月 24 日英国通过公投宣布脱欧,我们也尝试了对英国单独分组研究,所得结果均保持一致。

易伙伴。对于其余国家和地区我们分组如下：亚洲其他（其中包括中国香港和中国台湾）、北美其他（包括加拿大、墨西哥等）、拉丁美洲（所有拉丁美洲的国家和地区）以及世界其他。具体的地区分组见表 5.1 说明。

表 5.1　基于贸易特征的地区分组

序号	地区	定义
1	中国	中国大陆（不含港、澳、台）
2	新西兰	新西兰
3	澳大利亚	澳大利亚
4	美国	美国
5	日本	日本
6	韩国	韩国
7	欧盟	欧盟 28 成员国
8	亚洲其他	其余亚洲国家和地区（包括香港、台湾）
9	北美其他	加拿大、墨西哥及其余北美国家和地区
10	拉丁美洲	所有拉丁美洲国家和地区
11	世界其他	其余国家和地区

根据中、新、澳三国的贸易特征，我们也对 GTAP 模型中的 57 个行业进行加总和分组。首先，我们将新西兰对中国出口最多的十个行业分别设组，即乳制品、谷物与农作物、羊毛制品、动物制品、渔业、林业、皮革、加工食品等行业；其次，我们将澳大利亚对中

国出口最多的十个行业中未包含在上述分组的行业进行设组,即矿物与能源以及金属制品行业;随后,我们将中国对新西兰和澳大利亚出口前十的行业中未包含在前面分组的行业进行设组,即纺织制品、汽车类、塑料制品以及机械与电子制品行业;最后,我们将剩余部分加总得到其他行业。具体的行业分组见表5.2说明。

表5.2　基于贸易特征的行业分组

序号	行业分组	定义
1	乳制品	乳制品、生牛奶、奶酪等
2	谷物与农作物	水稻、小麦、蔬菜、水果、坚果、种子等
3	羊毛制品	羊毛制品,其他动物毛制品
4	动物制品	牛、山羊、绵羊、马类等活体与肉类、上述动物的肉制品等
5	渔业	鱼类、贝类等水产品
6	林业	林业、木制品、纸制品、其他印刷品等
7	皮革	皮革、动物毛皮、皮革制品
8	矿物与能源	天然气、煤炭、石油、石油制品、矿物、矿产品
9	加工类食品	饮料、烟草、糖类、蜂蜜、油脂类、其他加工食品
10	机械与电子制品	电子设备、机械设备
11	金属制品	含铁金属制品、其他金属制品
12	纺织制品	纺织品、服装、装饰品等
13	汽车类	机动车、机动车零部件、各类运输装置等
14	塑料制品	橡胶、化学、塑料制品
15	其他行业	基础建设、服务业、交通业、其他未分组行业

5.3.2 自贸协定前后的关税变化

中国与新西兰于 2008 年正式签订自由贸易协定,根据协议内容规定,新西兰从协议生效之时起即对 64% 的中国进口产品实施零关税,并最终对全部的中国进口产品实施零关税;而中国也从协议生效之时起即对 25% 的新西兰进口产品实施零关税,并最终对 97% 的进口产品实施零关税。根据中新自贸协定附录以及中方关税减让表,我们计算出当前时点的中国和新西兰的基础税率,以及中国与新西兰最终减让后税率。表 5.3 描述了中新自贸协定签订后双方的关税减让情况,从中我们可以看出,在中澳自贸区建立 5 年后,即 2020 年中国对新西兰的商品关税大部分已经减免 100%,仅乳制品等行业还征收少量关税;而新西兰对中国的所有商品关税此时已经减免 100%。

表 5.3　中新自贸协议签订后的关税减让情况

行业	中国		新西兰	
	基础税率	减让后税率	基础税率	减让后税率
乳制品	6.473%	0.825%	4.240%	0%
谷物与农作物	9.885%	0%	0.116%	0%
羊毛制品	0.015%	0%	0%	0%
动物制品	3.975%	0%	0.8752%	0%
渔业	1.481%	0%	0.1115%	0%

续表

行业	中国		新西兰	
	基础税率	减让后税率	基础税率	减让后税率
林业	0.206%	0%	3.1184%	0%
皮革	2.389%	0%	7.0014%	0%
矿物与能源	0.150%	0%	2.2383%	0%
加工类食品	2.501%	0%	2.3001%	0%
机械与电子	0.968%	0%	1.6609%	0%
金属制品	0.076%	0%	3.4608%	0%
纺织制品	0.132%	0%	8.9388%	0%
汽车类	2.865%	0%	3.7045%	0%
塑料制品	1.548%	0%	2.4248%	0%
其他行业	0.019%	0.007%	1.4621%	0%

中国与澳大利亚在 2015 年才正式签订自由贸易协定,根据协议内容规定,澳大利亚从协议生效之时起即对 45% 的中国进口产品实施零关税,并最终对全部的中国进口产品实施零关税;而中国也从协议生效之时起即对 29% 的澳大利亚进口产品实施零关税,并最终对 97% 的进口产品实施零关税。根据中澳自贸协定附录以及中方关税减让表,我们计算出当前时点的中国和澳大利亚的基础税率,以及中国与澳大利亚最终减让后税率。表 5.4 描述了中新自贸协定签订后双方的关税减让情况,从中我们可以看出,在中澳自贸区建立 5 年后,即 2020 年中国对绝大多数行业关税降至 1% 以下,仅乳制品、动物制品以及汽车零部件行业仍然分别保留

5.62%、1.25%以及1.84%的关税;而澳大利亚对中国所有产品的关税已基本减免100%。

表5.4 中澳自贸协议签订后的关税减让情况

行业	中国		澳大利亚	
	基础税率	减让后税率	基础税率	减让后税率
乳制品	10.058%	5.62%	0.209 3%	0%
谷物与农作物	3.983%	0.21%	0.923 5%	0%
羊毛制品	27.536%	0%	0%	0%
动物制品	7.079%	1.25%	1.442 1%	0%
渔业	9.302%	0%	0%	0%
林业	0.717%	0%	4.376 3%	0%
皮革	6.306%	0.51%	4.040 3%	0%
矿物与能源	0.026%	0%	1.816 1%	0%
加工类食品	11.875%	0.11%	1.790 9%	0%
机械与电子	5.489%	0.08%	1.704 7%	0%
金属制品	0.376%	0%	3.968 2%	0%
纺织制品	19.991%	0.1%	8.444 0%	0%
汽车类	8.627%	1.84%	5.491 1%	0%
塑料制品	19.951%	0%	3.430 8%	0%
其他行业	0.129%	0.009%	1.421 0%	0%

5.4 模拟结果和分析

根据表5.3和5.4计算得到的关税调整数据,我们模拟中澳贸易自由化后对主要国家和地区的 GDP、贸易、福利水平等的影响。

首先,我们检验中澳贸易自由化对各国家和地区的整体影响,表 5.5 描述了对个国家和地区的 GDP、进出口以及福利水平的影响。对于 GDP 的影响,中澳贸易自由化使得中国 GDP 增长 0.024%、澳大利亚 GDP 增长 0.019%,而新西兰的 GDP 也增长 0.013%。总体来说,中澳贸易自由化对中国、澳大利亚和新西兰的 GDP 都有一定的正面影响。对于其余国家和地区而言,其 GDP 受到的影响均很小,其中,日本、韩国、亚洲其他以及拉丁美洲的 GDP 呈现出下降的结果,但降幅都非常小,而对美国、欧盟、北美以及世界其他国家和地区的 GDP 则有轻微的正面影响。

表5.5 中澳贸易自由化对各国家和地区的总体影响

地区	GDP %	进口%	出口%	贸易差额	福利水平
中国	0.024	0.475 1	0.306 1	27 731.46	1522.34
新西兰	0.013	0.700 0	0.437 3	339.96	47.39
澳大利亚	0.019	1.790 8	0.817 6	897.76	1 258.67
美国	0.000 15	−0.032 4	0.027 5	−78 285.24	−318.61
日本	−0.000 14	−0.021 7	0.027 3	−983.25	−111.09
韩国	−0.000 08	−0.024 2	0.007 4	2 373.00	−87.89
欧盟	0.000 1	−0.005 8	0.009 7	−15 267.12	−181.74
亚洲其他	−0.000 6	−0.030 7	0.005 3	−5 129.42	−495.01
北美其他	0.000 5	0.003 9	0.010 0	3 318.90	65.78

地区	GDP %	进口%	出口%	贸易差额	福利水平
拉丁美洲	−0.000 1	−0.007 8	0.019 7	2 400.87	−12.70
世界其他	0.000 6	−0.001 0	0.000 0	62 602.27	421.09

对于进口的影响,中澳贸易自由化对澳大利亚的进口影响最大,进口增幅达到 1.791%,对新西兰和中国的影响也比较明显,新西兰的进口增幅达到 0.700%,中国的进口增幅也有 0.475%。对其余国家和地区而言,除北美其他轻微增长 0.004%,剩下国家和地区的进口增幅均为负,不过数值也比较小。对于出口的影响,中澳贸易自由化对澳大利亚的出口影响也是最大的,出口增幅达到 0.818%,对新西兰和中国的影响也比较明显,新西兰的出口增幅达到 0.437%,中国的出口增幅也有 0.306%。对其余国家和地区而言,仅世界其他的出口增幅为 0,剩下国家和地区的进口都有轻微增长,不过增长幅度也很小。综合进口和出口的影响,中澳贸易自由化通过市场开放、关税减免以及自贸区所的贸易创造效应,使得中、新、澳三国的进出口都有明显上升。从贸易差额上看,由于出口水平的上升,中国的贸易差额增加了 27.73 亿美元,新西兰的贸易差额增加了 3.40 亿美元,而澳大利亚的贸易差额也增加了 8.97 亿美元。

此外,根据等价变换(Equivalent Variation)所代表的福利效应来看,中国的福利上升最高,在中澳自由贸易区建立的 5 年后中国的福利水平会上升 15.2 亿美元。与此同时,澳大利亚的福利水平也将上升 12.59 亿美元,而新西兰的福利水平将上升 4 739 万美元。对其余国家和地区而言,除北美其他和世界其他的福利水平有所上升(分别为 6 578 万美元和 4.21 亿美元),美国、日本、韩国、欧盟、亚洲其他以及拉丁美洲等的福利水平均出现不同程度的下降。由此可见,中澳贸易自由化后,得益于更深化的经贸合作以及更自由的市场环境,中、新、澳三国的福利均有上升,但对其余国家和地区而言,由于关税壁垒等问题将导致一定的负面影响。

其次,我们检验中澳贸易自由化对不同行业的影响。先是对产出的影响,表 5.6 描述了中澳贸易自由化对中、新、澳三国不同行业产出的影响。从中我们可以看出,中国的乳制品、羊毛制品、渔业、加工类食品、矿物与能源以及谷物与农作物等行业产出均有不同程度的下降,而这些行业正好对应澳大利亚以及新西兰对中国出口的优势行业。贸易自由化使得中国扩大了对这些行业的进口,因此,中国这些行业的产出会有所下降。从模拟的结果看,中国的羊毛制品产量降幅最大,达到了 31.07%,乳制品行业的产出也下降了 1.08%,相对来说其余行业的产出降幅比较小。

表 5.6　中澳贸易自由化对中、新、澳三国产出的影响(分行业)

行业	中国	新西兰	澳大利亚
乳制品	−1.08	3.21	−0.13
谷物农作物	−0.02	0.99	−0.56
羊毛制品	−31.07	−33.78	100.11
动物制品	0.01	0.91	0.05
渔业	−0.003	0.18	0.32
林业	0.11	−0.62	−0.74
皮革	0.43	2.7	−2.8
矿物与能源	−0.03	−0.14	−0.59
加工类食品	−0.004	0.23	0.33
机械与电子制品	−0.11	−0.76	−1.07
金属制品	−0.02	−1.12	−1.15
纺织制品	1.12	−8.47	−6.94
汽车类	0.05	−0.34	0.01
塑料制品	0.05	−0.19	0.59
其他行业	0.02	−0.03	0.08

　　得益于大规模关税削减导致的中国对羊毛制品需求上升,澳大利亚的羊毛制品产出将大幅提高,增长超过一倍。同时澳大利亚的动物制品、渔业以及加工食品的产出也有所上升,但增幅相对较小。而对于新西兰来说,其乳制品行业的产出将会上升3.21%,动物制品以及谷物与农产品行业也有近1%的产出增幅。新西兰的羊毛制品行业出现了明显减产,其产出将减少33.78%,而新西兰的制造业如机械与电子制品、塑料制品、金属制品、纺织

制品等行业产出也都有所下降,其中纺织制品行业产出降幅最大,将达到 8.47％。新西兰的制造业中仅皮革制品以及加工类食品的产出有所增加,分别上升 2.7％和 0.23％。

从产出模拟的结果看,中国、澳大利亚以及新西兰三国不同行业的产出变动与其本国的贸易比较优势基本吻合,各国最具比较优势的行业其产出在贸易自由化后都有一定程度的上升,而相应对方具有比较优势的行业其产出则有一定程度的下降。

表 5.7 描述了中澳贸易自由化对中、新、澳三国不同行业进口的影响。从中我们可以看出,中国对所有行业的进口都有不同程度的增加。其中,中国对羊毛制品的进口增加幅度最大,达到 122.95％,对乳制品的进口增加幅度也不小,达到 15.15％,其余行业的进口增幅则相对小些。显然羊毛制品和乳制品正是澳大利亚以及新西兰对中国最主要的出口产品。

表 5.7　中澳贸易自由化对中、新、澳三国进口贸易的影响(分行业)

行业	中国	新西兰	澳大利亚
乳制品	15.15	1.41	1.61
谷物与农作物	0.134	−0.19	3.74
羊毛制品	122.95	−24.98	54.88
动物制品	4.27	−0.44	3.37
渔业	1.24	0.62	0.87
林业	0.30	1.34	4.73

续表

行业	中国	新西兰	澳大利亚
皮革	0.41	4.67	2.69
矿物与能源	0.09	0.07	0.40
加工类食品	0.44	0.28	1.11
机械与电子制品	0.26	0.53	1.34
金属制品	0.23	0.59	2.17
纺织制品	0.11	9.14	10.77
汽车类	0.36	0.28	1.26
塑料制品	0.31	0.66	2.30
其他行业	0.15	0.11	1.04

澳大利亚对所有行业的进口也都有不同程度的增加,其中增幅最大的是羊毛制品和纺织制品,增幅分别为 54.88% 和 10.77%。显然纺织制品是中国主要的出口产品,贸易自由化增加了澳大利亚对纺织制品的进口,而羊毛制品进口的增加可能与新西兰也大量出口羊毛制品有关。

对新西兰来说,其对纺织制品的进口明显增加,增幅达到 9.14%。不过与中国和澳大利亚不同,新西兰对谷物与农作物、羊毛制品以及动物类产品的进口均有不同程度的下降,其中羊毛制品的降幅最大,达到 24.98%。

总体来说,贸易自由化基本促进了中、新、澳三国的贸易进口。

表 5.8 描述了中澳贸易自由化对中、新、澳三国不同行业出口

的影响。从中我们可以看到,中国对几乎所有行业的出口都有不同程度的增加(渔业、矿物和能源以及其他行业略有下降)。其中,羊毛制品的增长幅度最大,达到 66.35%,其次是纺织制品,增幅为 2.10%。

表5.8　中澳贸易自由化对中、新、澳三国出口贸易的影响(分行业)

行业	中国	新西兰	澳大利亚
乳制品	1.57	4.17	−0.04
谷物与农作物	0.85	2.30	−3.05
羊毛制品	66.35	−66.40	137.98
动物制品	1.29	1.35	0.51
渔业	−0.06	0.20	1.57
林业	0.61	−0.68	−0.85
皮革	0.59	6.34	4.29
矿物与能源	−0.02	−0.12	−0.75
加工类食品	0.35	0.45	2.73
机械与电子制品	−0.19	−0.77	1.62
金属制品	0.32	−1.54	−0.91
纺织制品	2.10	−5.45	14.14
汽车类	0.51	−0.36	3.38
塑料制品	0.28	−0.02	3.61
其他行业	−0.19	−0.28	−1.54

澳大利亚的大部分行业出口也基本是增加的,其中,羊毛制品的出口增长幅度最大,达到 137.98%,其次是纺织制品,增幅为

14.14%。相对来说,新西兰的羊毛制品和纺织制品行业受到一定影响,由于中澳贸易自由化的转移效应,这两者分别减少了66.40%和5.45%。不过新西兰的乳制品和皮革制品出口会明显增加,增幅分别达到4.17%和6.34%。

总体来看,中澳贸易自由化对中国和澳大利亚大部分行业的出口有明显的促进作用,但对新西兰的部分行业(如羊毛制品、纺织制品等)会有一定冲击。考虑到不同行业的贸易规模存在差异,接下来我们重点比较中澳贸易自由化对三国不同行业贸易差额的影响。

表5.9描述了中澳贸易自由化对中、新、澳三国不同行业贸易差额的影响。从中我们可以看出,中国在机械与电子制品行业贸易顺差最大,达到302亿美元;其次是纺织制品行业,达到266亿美元;此外,中国在林业、皮革、加工类食品、金属制品以及其他行业也均为贸易顺差。而中国在乳制品、谷物与农作物、羊毛制品、动物制品、渔业、矿物与能源、机械与电子制品以及汽车类等行业则为贸易逆差,其中,矿物与能源行业的逆差程度最大,达到378亿美元,谷物与农作物、羊毛制品以及塑料制品的逆差程度也较大,分别为45亿、41亿和43亿美元。

表5.9 中澳贸易自由化对中、新、澳三国贸易差额的影响(分行业)

行业	中国	新西兰	澳大利亚
乳制品	−777.07	1 411.11	156.38
谷物与农作物	−4 503.31	128.46	853.01
羊毛制品	−4 110.92	−155.96	4 576.19
动物制品	−713.97	615.35	1 031.97
渔业	−18.5	24.81	58.08
林业	3 002.36	226.45	−1 062.12
皮革	7 434.98	−21.17	−195.46
矿物与能源	−37 750.9	−454.53	9 291.61
加工类食品	356.97	120.96	−92.89
机械与电子制品	30 199.5	−622.03	−6 169.6
金属制品	2 632.26	−13.66	510.51
纺织制品	26 584.26	−272.6	−1 543.78
汽车类	−1 357.4	−414.32	−3 155.23
塑料制品	−4 344.95	−380.7	−2 620.32
其他行业	11 083.3	147.52	−741.5

新西兰在乳制品行业的贸易顺差最大,达到 14 亿美元;其次是动物制品行业,达到 6.2 亿美元;此外,新西兰在谷物与农作物、渔业、林业、加工类食品以及其他行业也都是贸易顺差。新西兰在羊毛制品、皮革、矿物与能源、机械与电子制品、金属制品、纺织制品、汽车类以及塑料制品行业均为贸易逆差,其中,机械与电子制品行业的贸易逆差最大,达到 6.2 亿美元,而矿物与能源、汽车类、纺织制品以及羊毛制品行业的逆差程度也较大,分别为 4.6 亿、

4.1 亿、2.7 亿和 1.6 亿美元。

澳大利亚在矿物与能源行业的贸易顺差最大,达到 93 亿美元;其次是羊毛制品行业,达到 46 亿美元;此外,澳大利亚在乳制品、谷物与农作物、动物制品、渔业以及金属制品行业也都是贸易顺差。澳大利亚在林业、皮革、加工类食品、机械与电子制品、纺织制品、汽车类、塑料制品以及其他行业均为贸易逆差,其中,机械与电子制品行业的贸易逆差最大,达到 62 亿美元,而汽车类、塑料制品、纺织制品以及林业的贸易逆差程度也较大,分别为 32 亿、26 亿、15 亿和 11 亿美元。

我们比较中、新、澳三国不同行业的贸易差额可以看出,中澳贸易自由化后,各国在其优势行业的顺差会进一步扩大。加总所有行业的贸易差额,我们得到中、新、澳三国总体的贸易差额分别为 277 亿、3.4 亿和 9.0 亿美元。因此,中澳贸易自由化对中、新、澳三国的贸易进出口都有促进作用。

接着,我们研究中澳贸易自由化对中新和中澳双边贸易的影响,表 5.10 描述了不同行业的中新和中澳贸易变化。从进口来看,中国对澳大利亚的几乎所有行业进口都有所增加(矿物与能源、其他行业除外)。其中,羊毛制品的进口增长幅度最大,达到 39 亿美元,动物制品、塑料制品、机械与电子制品以及加工类食品行业的进口增幅也较大,分别为 5.8 亿、4.3 亿、4.2 亿和 3.1 亿美元。中国对新西兰的绝大部分行业进口也都有所增加（羊毛制品、其他行业除外）。其中,乳制品的进口增长幅度最大,达到 5.1 亿美元,其次是动物制品行业,其增长幅度为 1.1 亿美元,其余行业的进口增幅相对较小。

表 5.10 中澳贸易自由化对中新、中澳双边贸易的影响（分行业）

行业	进口		出口	
	澳大利亚	新西兰	澳大利亚	新西兰
乳制品	77.28	510.74	0.47	0.11
谷物农作物	301.49	46.04	8.11	0.57
羊毛制品	3 913.66	−171.86	0.03	0.06
动物制品	580.52	113.89	3.15	0.43
渔业	18.44	1.09	0.15	0.01
林业	23.62	16.39	610.21	50.88
皮革	34.56	5.44	163.18	50.26
矿物与能源	−324.66	2.32	243.91	34.27
加工类食品	307.18	33.51	72.98	14.54
机械与电子制品	419.5	7.8	1 906.91	176.87
金属制品	73.61	0.5	932.42	71.41
纺织制品	195.2	5.96	1 644.47	324.07
汽车类	223.56	0.99	678.28	41.06
塑料制品	432.24	11.07	867.88	87.34
其他行业	−42.13	−0.69	185.54	22.04

从出口来看,中国对澳大利亚的所有行业出口都有所增加。其中,机械与电子制品行业的出口增幅最大,达到 19 亿美元;其次

是纺织制品行业,其出口增幅为 16 亿美元;其余行业中,金属制品、塑料制品、汽车类和林业的出口增幅较大,分别为 9.3 亿、8.7亿、6.8 和 6.1 亿美元。中国对新西兰的所有行业出口也都有所增加。其中,纺织制品行业的出口增幅最大,达到 3.2 亿美元;其次是机械与电子制品行业,其出口增幅为 1.8 亿美元;其余行业的出口增幅相对较小,均不到 1 亿美元。

从中澳贸易自由化对中新和中澳双边贸易的模拟结果可以看出,中国对澳大利亚和新西兰绝大部分行业的进口都有增加,并且在澳大利亚和新西兰最具比较优势行业(比如澳大利亚的羊毛制品行业以及新西兰的乳制品行业),其进口增幅增长最为明显。中国对澳大利亚和新西兰所有行业的出口都有增加,在中国最具比较优势的行业,即机械和电子制品以及纺织制品行业,其出口的增长幅度最为明显。

最后,我们研究中澳贸易自由化对各国家和地区间双边贸易的整体影响,表 5.11 和表 5.12 报告了模拟的结果。从中我们可以看出,中国对澳大利亚的出口增加 73 亿美元,对新西兰的出口也增加 8.7 亿美元,而中国对其他国家和地区的出口都有不同程度的降低。我们加总中国对所有国家和地区的出口,发现中国的总体出口还是增长的,提高了 5.5 亿美元。从进口上看,中国对澳大利亚的进口增加最多,达到 62 亿美元,其次就是新西兰,进口增加为 5.8 亿美元。其余国家和地区中,中国对日本、韩国、亚洲其他和世界其他的进口也都有所增加,而对美国、欧盟和拉丁美洲的进口则有一定减少。我们加总中国对所有国家和地区的进口,发现中国的总体进口也是增长的,提高了 74 亿美元。

表 5.11 中澳贸易自由化对各国家和地区间双边贸易的总体影响

出口＼进口	中国	新西兰	澳大利亚	美国	日本	韩国
中国	0	873.97	7 317.72	−959.86	−179.81	−209.69
新西兰	583.21	0	−174.84	−25.55	−15.22	−6.69
澳大利亚	6 234.09	−281.96	0	−350.26	−637.9	−337.35
美国	−149	−48.7	−503.05	0	152.98	91.12
日本	207.43	−20.04	−253.07	50.83	0	56.01
韩国	120.6	−18.79	−138.66	16.23	20.45	0
欧盟	−47.92	−89.64	−829.45	174.88	46.12	47.21
亚洲其他	327.38	−112.24	−941.01	28.65	148.24	73.17
北美其他	−6.02	−5.01	−52.98	92.49	26.91	10.96
拉丁美洲	−109.23	−3.74	−54.88	17.99	58.62	27.31
世界其他	254.41	−39.16	−290.03	−82.47	190.39	124.07

表 5.12 中澳贸易自由化对各国家和地区间双边贸易的总体影响(续)

出口＼进口	欧盟	亚洲其他	北美其他	拉丁美洲	世界其他
中国	−360.78	−600.8	−133.53	−128.12	−163.72
新西兰	−36.3	−40.47	−9.75	−12.7	−53.85
澳大利亚	−570.14	−1 101.52	−58.34	−64.49	−574.35

续表

出口\进口	欧盟	亚洲其他	北美其他	拉丁美洲	世界其他
美国	256.23	192.71	211.75	83.02	196.96
日本	16.82	115.9	2.97	5.39	23.84
韩国	−1.68	−0.97	0.7	−1.64	9.09
欧盟	519.37	130.09	22.03	45.52	416.53
亚洲其他	45.35	366.08	5.02	3.62	78.63
北美其他	−2.96	10.15	−2.37	−2.51	8.96
拉丁美洲	45.79	51.89	8.05	45.79	85.94
世界其他	−397.05	239.17	−13.16	−13.81	−45.63

对澳大利亚来说,它对中国的出口增加是最多的,为 62 亿美元,它对其余国家和地区(包括新西兰)的出口都是减少的,其中对亚洲其他的出口减少最多,达到 11 亿美元。不过我们加总澳大利亚对所有国家和地区的出口,发现澳大利亚的总体出口还是增长的,提高了 23 亿美元。从进口上看,澳大利亚对中国的进口增加最多,达到 73 亿美元。不过澳大利亚对其余国家和地区的进口都是减少的,其中对亚洲其他的进口减少幅度最大,达到 9.4 亿美元。我们加总澳大利亚对所有国家和地区的进口,发现澳大利亚的总体进口也是增长的,提高了 41 亿美元。

对于新西兰而言,它对中国的出口增加是最多的,为 5.8 亿美元,它对其余国家和地区(包括澳大利亚)的出口也都是减少的,其中对澳大利亚的出口减少最多,达到 1.7 亿美元。不过我们加总新西兰对所有国家和地区的出口,发现新西兰的总体出口还是增长的,提高了 2.1 亿美元。从进口上看,新西兰对中国的进口增加最多,达到 8.7 亿美元。不过新西兰对其余国家和地区的进口也都是减少的,其中对澳大利亚的进口减少幅度最大,达到 2.8 亿美元。我们加总新西兰对所有国家和地区的进口,发现新西兰的总体进口也是增长的,提高了 2.5 亿美元。

上述的双边贸易总体影响结果表明,中澳贸易自由化对于中、新、澳三国的贸易基本起促进作用。其中,对中新和中澳的进出口促进作用尤为明显,不过新西兰和澳大利亚之间由于本身贸易结构比较相似,中澳贸易自由化对两国的双边贸易确有一定的负面影响。

5.5　本章小结

本章我们采用全球贸易分析模型(GTAP)研究了中澳贸易自由化背景下,中国、澳大利亚以及新西兰等国家和地区的 GDP、贸易以及福利水平等可能受到的影响。

首先,我们检验了中澳贸易自由化对各国家和地区的整体影响。从 GDP 上看,中澳贸易自由化对中国、澳大利亚和新西兰的

GDP 都有一定的正面影响,而其余国家和地区的 GDP 受到的影响则很小。从贸易上看,中澳贸易自由化通过市场开放、关税减免以及自贸区所的贸易创造效应,使得中、新、澳三国的进出口都有明显上升,其余国家和地区受到的影响也很小。从福利水平上看,中澳贸易自由化后,得益于更深化的经贸合作以及更自由的市场环境,中新澳三国的福利均有上升,但对其余国家和地区而言,由于关税壁垒等问题将导致一定的负面影响。

其次,我们检验了中澳贸易自由化对中、新、澳三国不同行业的影响。从产出上看,中国的羊毛制品和乳制品行业产出明显下降,而纺织制品行业产出有所上升;澳大利亚的羊毛制品行业产出明显上升,而纺织制品行业产出明显下降;新西兰的乳制品行业产出明显上升,而羊毛制品和纺织制品行业产出明显下降。从进出口贸易上看,中国的纺织制品行业出口明显增加,羊毛制品和乳制品行业的进口明显增加;澳大利亚的羊毛制品行业出口明显增加,纺织制品的进口明显增加;新西兰的乳制品行业出口明显增加,纺织制品的进口也明显增加。从贸易差额上看,中国的机械与电子制品和纺织制品行业、澳大利亚的羊毛制品行业以及新西兰的乳制品行业,其相对本国其他行业的贸易差额增长幅度最高。

最后,我们还检验了中澳贸易自由化对中新和中澳不同行业双边贸易的影响,以及对不同国家和地区的双边贸易的总体影响。

分行业的结果显示,中国对澳大利亚和新西兰的纺织制品和机械与电子制品出口有明显增长,中国对澳大利亚羊毛制品的进口以及对新西兰乳制品的进口也有明显增长。而双边贸易的总体影响显示,中、新、澳三国的进出口都有一定程度的增长。

本章的研究结果表明,中澳贸易自由化对中、新、澳三国的GDP、贸易和福利水平等都有较明显的促进作用。特别是对于贸易来说,中澳贸易自由化使得三国的贸易水平都有一定程度的上升,而且对于各国比较优势更大的行业,其正面作用更显著。考虑到GTAP模型对家庭、企业以及政府行为有严格的设定,我们将在接下来的章节对此做进一步的实证研究。

6

中澳贸易自由化对中新贸易影响的实证检验

6.1 引言

改革开放以来我国经济快速发展,我国对外贸易一直保持高速增长。在 2001 年我国正式加入 WTO,这一标志性事件不仅意味着我国改革开放的重要进展,也进一步推动了我国对外贸易的发展。此后,我国进一步加强对外经贸合作,2008 年中国与新西兰签订双边自贸协定,新西兰也成为西方传统发达国家中首个与中国签订双边自贸协定的国家。2015 年,经过整整 10 年的谈判磋商,中国与另一个大洋洲重要贸易伙伴国家——澳大利亚正式签订自由贸易协定。

由于气候、地理、环境等原因,新西兰和澳大利亚总体在资源禀赋上比较接近,两国在国际分工和贸易地位上有一定的重叠。考虑到澳大利亚的经济体量远超新西兰,中澳贸易的规模也远高于中新贸易规模,中澳贸易自由化可能会对中新贸易产生一定的影响。

对于中澳贸易自由化的影响,前期有些学者认为由于新澳两国比较优势的高度重叠,中澳贸易自由化可能对中新贸易产生不小的冲击(周曙东等,2006;Yu *et al.*,2010)。但是,对于贸易自由化的溢出影响,目前仍然存在比较大的争议(Van Hoa,2008),而且我们此前基于中澳贸易和中新贸易的比较分析、GTAP 模拟影响以及基于面板数据的实证检验结果都显示,中澳贸易似乎对中新贸易存在一定的互补性影响。

中国作为目前全球 GDP 规模第二的国家,其同时还拥有着全球最多的人口数量。改革开放以来,我国人民生活水平有了极大的提高,居民的消费水平也相比过去有了显著提升。不过我国居民在消费上仍有很大提升空间,对国外一些高质量产品的需求使得近年来我国海外购买规模迅速增加。考虑到人们在消费的多元化偏好,对某种产品的消费数量增加,未必一定导致对相似产品的消费数量减少。第二次世界大战以来,产业内贸易的迅速发展在很大程度上印证了这种可能性。

中澳在 2015 年正式缔结双边自贸协议,根据协议的规定,中

方将在当年立即对 946 个澳大利亚进口商品削减关税,这种行业上的政策差异使得我们能够直接检验中澳贸易自由化对中新贸易的可能影响。因此,本章我们将通过构建双重差分(Difference in Difference)模型直接检验中澳贸易自由化中不同关税减免的商品在中新贸易中是否存在差异性影响,由此检验中澳贸易自由化对中新贸易的影响。

本章余下部分安排如下:首先是模型设定,介绍本章的回归分析模型;其次是数据来源与变量选择,介绍本章的数据来源和主要变量的构建方法;接着是实证结果和解释,报告我们的实证结果,并对实证结果进行分析和解释;最后是本章小结。

6.2 机制分析

经典的比较优势理论指出,贸易能促进全球化国际分工,因此自由贸易有利于经济发展。但现实中,由于政治、经济、文化等原因导致存在关税、配额、补贴等各类贸易壁垒,全球性的自由贸易几乎不可能实现。对此,许多国家和地区选择退而求其次,通过与部分国家和地区签署自贸协定,在这些国家或地区间实现贸易自由化,这种有限的国家和地区之间的经济一体化被视为仅次于全球自由贸易的"次优"选择。

　　自贸协定的签署能减少关税等贸易壁垒,从而提高了签约国之间的贸易水平,即带来贸易的创造效应(例如,Baier & Bergstrand,2007;张光南等,2012);同时,签约国之间的贸易成本降低也意味着签约国与其他国家之间的贸易成本相对提高,从而导致签约国与其他国家之间的贸易减少,即带来贸易的转移效应(例如,张婕和徐振燕,2007;张光南等,2011)。对于签约国来说,只要贸易的创造效应超过转移效应,理论上建立自贸区就是有利的。

　　但是,在选择具体是否建立自贸区时,贸易自由化对签约国与其他国家贸易的影响也是需要关注的重点(Baldwin & Jaimovich,2012)。一般来说,如果两国间的比较优势产业越接近,那么两国在出口时越可能面临竞争关系。因此,如果其中一国与第三国签署自贸协定,这很可能对另一国与第三国的贸易产生冲击。而对于澳大利亚和新西兰来说,由于两国的地理、气候、环境等十分接近,其在国际分工和贸易中存在较大的重叠和竞争关系(刘庞芳等,2008)[①]。

　　2015 年 6 月,中国与澳大利亚经过 10 年谈判,正式签署了中

[①] 2015 年新西兰的食品类出口占其出口总量的近 60%;澳大利亚由于天然丰富的矿产资源,其铁矿石等出口占其出口总量一半以上,但除此以外,2015 年澳大利亚的农产品出口比例也接近其出口总量的 20%。

澳双边自贸协定。对此,前期不少文献都提到了中澳贸易自由化对新西兰的可能影响。周曙东等(2006)、彭秀芬(2009)、Yu et al.(2010)等基于 GTAP 模拟分析的结果表明,中澳贸易自由化将对新西兰的产出、出口以及福利水平产生一定冲击。但是,这些模拟的结果是否已经完全反映了现实情况,仍然需要基于实际贸易数据的分析和检验。

在第三章中的趋势比较分析中可以看到,自 2001 年中国加入 WTO 以来,中澳与中新的进口贸易增长率基本保持相同的变化趋势,两者的相关系数高达 91.52%,这一数据远远超过了同期的中澳(或中新)与中美、中欧和中日等进口贸易增长率的相关系数。即使仅考虑 2008 年中新签署自贸协议之后的年份,两者也保持了高度相似的变化趋势,相关系数也达到 82.10%。从中新以及中澳的进口强度指数来看,2008 年后的中新进口强度指数基本都在 1 以上,平均为 1.28①;而 2008 年前的中新进口强度指数基本都不超过 1,平均为 0.85。而随着中新的贸易自由化,中澳贸易不仅未受到冲击,中澳进口强度指数甚至也比之前更高。从数值上看,2008 年后的中澳进口强度指数基本都在 2 以上,平均为 2.57;而 2008 年前的中澳进口强度指数均都不超过 2,平均为 1.62。因

---

① 2008 年由于爆发全球金融危机以及新西兰遭遇严重旱灾,当年的新西兰农产品出口受到很大影响,因此中新进口贸易强度指数当年未出现明显提高。

此,中新贸易自由化不仅提高了中新的进口贸易强度,对于中澳的进口贸易强度似乎也有推动作用。由此我们可以得到两点结论:一是中澳和中新进口贸易(增长率)长期保持同向变化趋势,这一趋势并未因 2008 年中新贸易自由化而发生改变;二是 2008 年中新贸易自由化后,不仅中新的进口贸易强度明显提高,中澳的进口贸易强度也明显提高。显然,对于这两点结论,我们很难基于现有的贸易转移效应理论进行解释,甚至如果仅从出口方面的比较优势考虑都很难对其解释。考虑到贸易的发生取决于出口和进口两方面因素,对于中澳与中新贸易之间可能存在的互补关系,本书认为来自中国进口需求的影响可能起到关键作用。

第一,澳大利亚和新西兰在地理上同属大洋洲板块,由于长期被海洋隔离,澳新两国与其他大陆国家的演化过程相对独立。这使得澳新两国在物种上与其他国家的差异很大,两国独有的动植物种类数量也为全球之最。澳新两国拥有的资源优势以及极好的自然环境,使得两国在国际贸易中拥有其他国家难以替代的比较优势,比如新西兰的乳制品、澳大利亚的铁矿石等。

第二,澳新两国的出口产品虽然在国际市场上的比较优势很大,但对两国本身来说,其出口产品间却有极大的相似性。比如,两国在牛奶、食用肉类等农产品资源上十分富余,而且对于其他国家消费者来说,两国同类产品的差异不大,甚至会被认为属性相同

(Patterson & Tai，1991；Hamlin & Leith，2006)。这种特点导致两国许多出口产品的区分度很低,当对一国某种产品的消费需求升高时,对另一国同类产品的消费需求很可能也会提高。

第三,人们对产品的消费需求并非一成不变,当周围环境发生变化时,对某种产品的消费需求甚至会有很大变化。比如,当某种品牌的曝光度持续增加,对该产品的消费需求就会上升(Fitzsimons et al.,2008)。对于澳新两国的产品来说,如果其中一国某种产品的曝光度持续提高,对该产品的消费需求以及声誉都会显著提升,而这很可能会导致对另一国同类产品的消费需求上升。对产品消费需求的上升将导致对两国的产品进口同时增加,在数量上体现为对两国的进口具有互补效应。

21世纪以来,中国经济持续高速增长,居民收入水平不断提升。高收入不仅提高了人们的整体消费水平,更使人们增加了对高质量进口产品的需求,对进口问题的研究也越来越受到学界的重视(裴长洪,2013)。随着中国与新西兰和澳大利亚相继签订自贸协定,澳新两国的产品在中国曝光度开始增加,这提高了中国对两国产品的消费需求(杨军等,2005;王艳红,2009)。考虑到两国出口产品结构的高度相似,消费需求的变化很可能影响整体进口水平,也就是说中国与一国签署自贸协定可能会促进对另一国的进口。

与中澳贸易规模相比,中新贸易的体量要小得多,而且澳大利亚还拥有新西兰不具备的矿产资源。这意味着,中澳贸易自由化对中新贸易的影响将远超过中新贸易自由化对中澳贸易的影响。此外,2015 年签署的中澳自贸协定对不同产品的关税削减规定有显著差异,这为检验中澳贸易自由化对中新贸易的影响提供了天然的实验环境,接下来,本章就基于此进行实证检验和分析。

6.3　模型设定

考虑到中贸自贸协定在关税减免上对不同行业的差异性规定,本章我们采用双重差分(Difference in Difference)模型进行检验,具体模型设定如下:

$$imNZ_{it} = \beta_0 + \beta_1 Tax\_if \times After + \beta_2 Tax\_if + \beta_3 After$$
$$+ \beta_4 imAUS_{it} + \beta_5 z_i + \beta_6 year_t + \varepsilon_{it} \qquad (6.1)$$

$$imNZ_{it} = \beta_0 + \beta_1 Tax \times After + \beta_2 Tax + \beta_3 After$$
$$+ \beta_4 imAUS_{it} + \beta_5 z_i + \beta_6 year_t + \varepsilon_{it} \qquad (6.2)$$

其中,被解释变量 $imNZ_{it}$ 表示中国从新西兰进口的贸易额,解释变量为交互项 $Tax\_if \times After$ 和 $Tax \times After$,这里 Tax_if 表示中方削减关税的商品,$After$ 表示所在年份是否实施关税

减让,而 Tax 表示中方削减关税的幅度。

控制变量包括中国从澳大利亚的进口贸易额 $imAUS_{it}$、行业(或产品)固定效应 z_i 以及年份固定效应 $year_t$。引力模型中其他控制变量,如主要国家的 GDP、两国之间的地理距离等均包含在固定效应中。此外,出于稳健性考虑,我们对于实证模型中的贸易变量也同时采用是否进口和进口贸易增量做回归。

6.4 数据来源与变量选择

根据 2015 年的中澳自贸协定,中方将在当年立即对 946 个澳大利亚进口商品削减关税,考虑到 2012 年以后中国整体的贸易环境和之前存在很大差异,我们使用 2012 到 2015 年的面板数据进行研究①。与上一章类似,本章我们使用的贸易数据也是来自 UN Comtrade 数据库,其中,中国与欧盟的贸易数据也是采用中国与 28 个欧盟成员国的贸易数据加总得到。

具体的行业分类我们也采用 HS 六位商品编码,并采用剔除通胀影响的真实值进行回归。中国、新西兰以及澳大利亚三国的 GDP 数据来自世界银行公开数据,并以 2011 年为基期按购买力

---

① 出于稳健性考虑,我们也用 2013—2015 年以及 2014—2015 年的数据分别进行了检验,所得结果与文中完全一致。

评价核算。中澳关税减免的数据来自《中国-澳大利亚自由贸易协定》附表 B-1 里中方关税减让表,关税减让幅度由表内基准数据减去自贸协定第一年实施后的关税数据计算得到。

　　本章的主要变量的定义与上章基本一致。此外,Tax_if 表示根据中澳自贸协定中方在 2015 年立即实施关税减让的商品,立即削减关税的商品取 1,不立即削减关税的商品取 0;Tax 表示根据中澳自贸协定,中方在 2015 年实施的关税减让幅度;$After$ 表示中方对进口商品是否实施关税减让,2015 年取 1,其余年份取 0;$imNZ\_if$ 表示中国是否从新西兰进口某种商品,若某商品的进口额大于零则取 1,否则取 0[①]。

6.5　中澳贸易自由化对中新贸易影响实证检验

6.5.1　事件分析

　　根据《中国-澳大利亚自由贸易协定》附表中的中方关税减让细则,在 2015 年协议签订后,中国对澳大利亚 946 个商品的关税减让立即生效。因此,我们通过双重差分法对比分析某种商品在中澳自贸协定签订后是否立即享受减税待遇,从而考察中澳贸易

---

① 对于 $imAUS\_if$、$imUS\_if$、$imEU\_if$ 以及 $imJPN\_if$ 的定义也与新西兰类似。

自由化对中新贸易的影响。

图 6.1 报告了中澳贸易自由化对中国是否进口新西兰某种商品的影响。被解释变量为中国是否进口新西兰某商品，图中横轴为 2013—2015 年，误差线表示上下 95% 置信区间（Confidence Interval），纵轴表示与 2012 年的基准相比，2013、2014 以及 2015 年中国从新西兰进口享受到关税减免政策产品的概率差值。

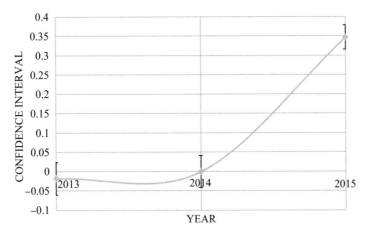

图 6.1　中澳关税削减对中国是否进口新西兰商品的影响——事实分析

从中我们发现，在中国对澳大利亚的商品实施关税减免之前，即在 2015 年之前中国从新西兰进口优惠商品的概率没有显著差异；而在 2015 年中澳实施关税减免以后，中国从新西兰进口优惠商品的概率明显提升。因此，我们有理由相信中澳之间的关税减

免对中国是否进口新西兰产品有促进作用。

　　图 6.2 中考察了中方对澳大利亚商品关税的减免对中新进口贸易额的影响。被解释变量为中国对新西兰商品的进口贸易额。图中横轴表示年份,纵轴表示与 2012 年基准相比,2013 到 2015 年中国从新西兰进口关税减免商品的贸易额之差,误差线表示上下 95% 的置信区间。

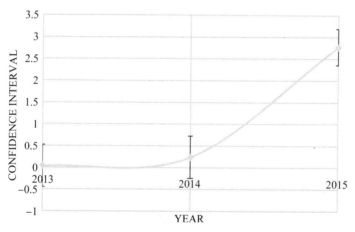

图 6.2　中澳关税削减对中国向新西兰进口贸易额的影响——事实分析

　　结果显示,从 2013 到 2014 年中国向新西兰进口优惠商品的贸易额与基期之差,其置信区间均跨越横轴零点,这表明与 2012 年的基准期相比,中国在 2013 以及 2014 年时从新西兰进口商品的规模并未出现明显变化,而在 2015 年中澳关税减免以后,中国

向新西兰的进口出现显著上升。

　　最后,我们对中国向新西兰的进口贸易额进行一阶差分处理,并将所得差分数据与图 6.1 和 6.2 做同样的分析。由于贸易额经过差分后表示的是贸易额的增量,因此相比单纯的贸易总量来看,在研究中澳贸易自由化对中新贸易影响时,基于贸易增量的分析可能更为重要。

　　图 6.3 中报告了中澳关税削减对中新贸易增量的事件分析,结果显示,与 2012 年的基准相比,2013 与 2014 年中新进口优惠商品的贸易增量变化不大,95% 置信区间均跨越横轴零点,而在 2015 年实施关税减免后中新进口贸易的增量有明显上升。这也为中澳贸易自由化促进中新之间贸易的猜想提供了建议性的证据,在后续分析中我们将针对该关系做进一步的实证检验。

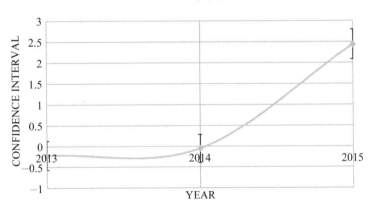

图 6.3　中澳关税削减对中国向新西兰进口贸易差分的影响——事实分析

6.5.2　中澳关税减免对中新贸易的影响

我们直接检验中澳关税减免对中新进口贸易的影响,表 6.1
报告了中澳关税减免对中国从新西兰进口扩展边际的影响。其
中,第一列是未加入控制变量以及行业年份固定效应的回归,中澳
关税减免的回归系数为 0.353,在 1% 水平上显著,表明中澳关税
减免显著增加了中国从新西兰进口商品的概率;第二列加入中国
和新西兰的 GDP 作为控制变量,此时中澳关税减免的回归系数为
0.374,也在 1% 水平上显著;第三列进一步加入中国从澳大利亚
进口的扩展边际作为控制变量,此时中澳关税减免的回归系数为
0.378,仍然在 1% 水平上显著。

表 6.1　中澳关税削减对中新进口扩展边际的影响

Variable	(1) $imNZ\_if$	(2) $imNZ\_if$	(3) $imNZ\_if$	(4) $imNZ\_if$	(5) $imNZ\_if$
$Tax\_if \times After$	0.353*** (0.010)	0.374*** (0.010)	0.378*** (0.010)	0.377*** (0.013)	0.387*** (0.013)
$After$	−0.046*** (0.005)	−0.959* (0.553)	−0.994* (0.528)		
Tax_if	0.580*** (0.009)	0.559*** (0.009)	0.469*** (0.010)	0.510*** (0.014)	
$imAUS\_if$			0.202*** (0.006)	0.136*** (0.007)	0.014** (0.007)

续表

Variable	(1) imNZ_if	(2) imNZ_if	(3) imNZ_if	(4) imNZ_if	(5) imNZ_if
gdpNZ		2.957 (1.979)	3.072 (1.890)		
gdpCHN		−1.234* (0.744)	−1.268* (0.710)		
Constant	0.112*** (0.003)	−38.40 (28.39)	−40.40 (27.12)	−0.006* (0.004)	0.225*** (0.004)
yearFE				No	Yes
commodityFE				Yes	Yes
Commodities				5,570	5,570
R-squared	0.397	0.387	0.435		0.088
Observations	21,144	18,777	18,777	21,143	21,143

注：被解释变量为中新是否进口，括号内为 white 稳健型标准误，*表示在10%水平上显著，**表示在5%水平上显著，***表示在1%水平上显著。

我们在第四列加入年份固定效应，此时 GDP 和时间变量由于共线性被删除，中澳关税减免的回归系数为 0.377，在 1% 水平上显著；最后，我们在第五列同时加入年份和行业固定效应，此时中澳关税减免的回归系数为 0.387，也在 1% 水平上显著。

总体上，中澳关税的减免显著促进了中国从新西兰进口商品的概率，即中澳贸易自由化对中新贸易有显著正向影响。

接着，我们检验中澳关税减免对中国从新西兰进口集约边际的影响，表 6.2 报告了回归结果。其中，第一列是未加入控制变量

以及行业年份固定效应的回归,中澳关税减免的回归系数为
2.678,在 1‰水平上显著,表明中澳关税减免显著增加了中国从
新西兰进口商品的规模;第二列加入中国和新西兰的 GDP 作为控
制变量,此时中澳关税减免的回归系数为 2.861,也在 1‰水平上
显著;第三列进一步加入中国从澳大利亚进口的集约边际作为控
制变量,此时中澳关税减免的回归系数为 2.913,仍然在 1‰水平
上显著。

表 6.2　中澳关税削减对中新进口集约边际的影响

Variable	(1) imNZ	(2) imNZ	(3) imNZ	(4) imNZ	(5) imNZ
$Tax\_if \times After$	2.678*** (0.159)	2.861*** (0.160)	2.913*** (0.150)	2.932*** (0.115)	2.982*** (0.115)
$After$	−0.296*** (0.054)	−5.365 (5.762)	−5.412 (5.351)		
Tax_if	6.022*** (0.105)	5.839*** (0.107)	4.454*** (0.112)	5.182*** (0.168)	
$imAUS$			0.248*** (0.007)	0.135*** (0.007)	0.017** (0.007)
$gdpNZ$		16.14 (20.64)	16.75 (19.17)		
$gdpCHN$		−6.752 (7.748)	−6.643 (7.195)		
$Constant$	1.008*** (0.026)	−208.6 (296.3)	−228.7 (275.3)	0.007 (0.036)	2.117*** (0.042)
$yearFE$				No	Yes

续表

Variable	(1) imNZ	(2) imNZ	(3) imNZ	(4) imNZ	(5) imNZ
commodityFE				Yes	Yes
Commodities				5,570	5,570
R-squared	0.362	0.351	0.435		0.075
Observations	21,144	18,777	18,777	21,143	21,143

注：被解释变量为中新进口贸易规模，括号内为 white 稳健型标准误，* 表示在 10% 水平上显著，** 表示在 5% 水平上显著，*** 表示在 1% 水平上显著。

我们在第四列加入年份固定效应，此时 GDP 和时间变量由于共线性被删除，中澳关税减免的回归系数为 2.932，在 1% 水平上显著；最后，我们在第五列同时加入年份和行业固定效应，此时中澳关税减免的回归系数为 2.982，也在 1% 水平上显著。

总体来看，中澳关税的减免显著促进了中国从新西兰进口商品的规模，即中澳贸易自由化对中新贸易有显著正向影响。

此外，我们也检验了中澳关税减免对中国从新西兰进口贸易增量的影响，表 6.3 报告了回归结果。其中，第一列是未加入控制变量以及行业年份固定效应的回归，中澳关税减免的回归系数为 2.536，在 1% 水平上显著；第二列加入中国和新西兰的 GDP 作为控制变量，此时中澳关税减免的回归系数为 2.528，也在 1% 水平上显著；第三列进一步加入中国从澳大利亚进口的贸易增量作为控制变量，此时中澳关税减免的回归系数为 2.523，仍然在 1% 水平上显著。

表 6.3　中澳关税削减对中新进口贸易增量的影响

Variable	(1) $\Delta imNZ$	(2) $\Delta imNZ$	(3) $\Delta imNZ$	(4) $\Delta imNZ$	(5) $\Delta imNZ$
$Tax\_if \times After$	2.536*** (0.151)	2.528*** (0.151)	2.523*** (0.151)	2.533*** (0.162)	2.520*** (0.163)
$After$	−0.468*** (0.046)	−10.48** (4.477)	−10.55** (4.475)	−0.519*** (0.057)	−0.510*** (0.059)
Tax_if	0.222*** (0.075)	0.230*** (0.076)	0.231*** (0.076)		
$\Delta imAUS$			0.017** (0.007)	0.017** (0.008)	0.017** (0.008)
$gdpNZ$		35.43** (16.01)	35.68** (16.00)		
$gdpCHN$		−13.53** (6.023)	−13.63** (6.020)		
$Constant$	−0.056*** (0.022)	−500.1** (229.6)	−503.6** (229.5)	−0.004 (0.040)	0.037 (0.037)
$yearFE$				No	Yes
$commodityFE$				Yes	Yes
$Commodities$				5,558	5,558
$R\text{-}squared$	0.035	0.035	0.036		0.024
$Observations$	20,788	18,659	18,659	20,788	20,788

注:被解释变量为中新进口贸易增量,括号内为 white 稳健型标准误,＊表示在 10％水平上显著,＊＊表示在 5％水平上显著,＊＊＊表示在 1％水平上显著。

我们在第四列加入年份固定效应,此时 GDP 和时间变量由于共线性被删除,中澳关税减免的回归系数为 2.533,在 1％水平上显著;最后,我们在第五列同时加入年份和行业固定效应,此时中澳关税减免的回归系数为 2.520,也在 1％水平上显著。

因此,中澳关税的减免对中国从新西兰进口商品的贸易增量也有显著促进作用,这也进一步表明中澳贸易自由化对中新贸易有显著正向影响。

考虑到全球贸易可能的相互影响,我们进一步对中澳关税减免影响中新贸易做安慰剂检验,表 6.4 报告了中澳关税减免对中新进口集约边际影响的安慰剂检验。

表 6.4　中澳关税减免对中新进口集约边际的影响(安慰剂检验)

Variable	(1) *imUS*	(2) *imEU*	(3) *imJPN*
$Tax\_if \times After$	−0.004 (0.092)	0.191 (0.148)	−0.043 (0.123)
imAUS	0.029** (0.014)	0.019 (0.013)	0.024** (0.011)
Constant	9.931*** (0.089)	12.95*** (0.087)	10.11*** (0.077)
yearFE	*Yes*	*Yes*	*Yes*
commodityFE	*Yes*	*Yes*	*Yes*
Commodities	5,570	5,570	5,570
R-squared	0.002	0.117	0.004
Observations	21,143	21,143	21,143

注:被解释变量依次为中美、中欧和中日的进口贸易额,括号内为 white 稳健型标准误,＊表示在 10%水平上显著,＊＊表示在 5%水平上显著,＊＊＊表示在 1%水平上显著。

其中,第一至三列的被解释变量依次为中美、中欧和中日进口的集约边际。从中我们可以看到,中澳关税减免对中美进口集约

边际和中日进口集约边际的回归系数都为负,而对中欧进口集约边际的回归系数为正,不过无论是对中美、中欧还是中日进口的集约边际,主要解释变量的回归系数都不显著。这也说明,中澳关税减免仅对中新进口集约边际有显著正面影响,而对中国与其他主要贸易伙伴并无显著影响,从而为中澳贸易自由化促进中国对新西兰的进口提供了更有力的证据。

类似的,表 6.5 报告了中澳关税减免对中新进口贸易增量影响的安慰剂检验。其中,第一至第三列的被解释变量依此为中美、中欧和中日进口的贸易增量。从中我们可以看到,中澳关税减免对中美进口贸易增量和中日进口贸易增量的回归系数均为负且显著,而对中欧进口贸易增量的回归系数为正但不显著,总体上,无论是对中美、中欧还是中日进口的贸易增量,主要解释变量的回归系数都不显著为正。这也说明,中澳关税减免仅对中新进口贸易增量具有显著正面影响,而对中国与其他主要贸易伙伴并无显著影响。

表6.5 中澳关税减免对中新进口贸易增量的影响(安慰剂检验)

Variable	(1) $\Delta imUS$	(2) $\Delta imEU$	(3) $\Delta imJPN$
$Tax\_if \times After$	-0.198^{**} (0.088)	0.056 (0.095)	-0.155^{*} (0.087)

Variable	(1) $\Delta imUS$	(2) $\Delta imEU$	(3) $\Delta imJPN$
$\Delta imAUS$	0.010* (0.006)	0.008 (0.005)	0.009 (0.006)
Constant	−0.032 (0.030)	−0.067** (0.029)	−0.141*** (0.028)
yearFE	Yes	Yes	Yes
commodityFE	Yes	Yes	Yes
Commodities	5,558	5,558	5,558
R-squared	0.001	0.076	0.002
Observations	20,788	20,788	20,788

注：被解释变量依次为中美、中欧和中日进口的贸易增量，括号内为 white 稳健型标准误，＊表示在 10％水平上显著，＊＊表示在 5％水平上显著，＊＊＊表示在 1％水平上显著。

最后，表 6.5 报告了中澳关税减免对中新进口扩展边际影响的安慰剂检验。其中，第一至第三列的被解释变量依次为中美、中欧和中日进口的扩展边际。从中我们可以看到，中澳关税减免对中美进口扩展边际和中日进口扩展边际的回归系数均显著为负，而对中欧进口扩展边际的回归系数也为负但不显著，总体上，无论是对中美、中欧还是中日进口的扩展边际，主要解释变量的回归系数都不显著为正。这也说明，中澳关税减免仅对中新进口扩展边际具有显著正面影响，而对中国与其他主要贸易伙伴并无显著影响。

表6.6　中澳关税减免对中新进口扩展边际的影响(安慰剂检验)

Variable	(1) imUS_if	(2) imEU_if	(3) imJPN_if
$Tax\_if \times After$	-0.011^* (0.006)	-0.005 (0.006)	-0.021^{***} (0.004)
$imAUS\_if$	0.012^{**} (0.005)	0.011^{**} (0.005)	0.011^{***} (0.004)
$Constant$	0.751^{***} (0.003)	0.728^{***} (0.003)	0.796^{***} (0.002)
$yearFE$	Yes	Yes	Yes
$commodityFE$	Yes	Yes	Yes
$Commodities$	5,570	5,570	5,570
$R\text{-}squared$	0.001	0.001	0.007
$Observations$	21,143	21,143	21,143

注:被解释变量依次为中美、中欧和中日是否进口,括号内为 white 稳健型标准误,* 表示在10%水平上显著,** 表示在5%水平上显著,*** 表示在1%水平上显著。

　　综上所述,我们基于中澳关税减免的实证结果显示,中澳关税减免对于中新进口的扩展边际、集约边际和贸易增量都有显著促进作用。安慰剂结果显示,中澳关税减免对于中美、中欧和中日进口的扩展边际、集约边际和贸易增量均无显著促进作用。因此,中澳关税减免对中新进口有明显正面作用,中澳贸易自由化对于中新贸易有显著促进影响。

6.5.3　中澳关税减免幅度对中新贸易的影响

　　我们接着检验中澳关税减免幅度对中新进口贸易的影响,表

6.7报告了中澳关税减免幅度对中国从新西兰进口扩展边际的影响。其中,第一列是未加入控制变量以及行业年份固定效应的回归,中澳关税减免幅度的回归系数为0.093,在1%水平上显著,表明中澳关税减免幅度越大,中国从新西兰进口商品概率的增加越显著;第二列加入中国和新西兰的GDP作为控制变量,此时中澳关税减免幅度的回归系数为0.099,也在1%水平上显著;第三列进一步加入中国从澳大利亚进口的扩展边际作为控制变量,此时中澳关税减免幅度的回归系数为0.100,仍然在1%水平上显著。

表6.7　中澳关税减免幅度对中新进口扩展边际的影响

Variable	(1) imNZ_if	(2) imNZ_if	(3) imNZ_if	(4) imNZ_if	(5) imNZ_if
Tax×After	0.093*** (0.004)	0.099*** (0.004)	0.100*** (0.004)	0.106*** (0.005)	0.112*** (0.006)
After	−0.020*** (0.005)	−0.930* (0.553)	−0.965* (0.528)		
Tax	0.610*** (0.008)	0.592*** (0.009)	0.503*** (0.009)	0.538*** (0.013)	
imAUS_if			0.202*** (0.006)	0.138*** (0.007)	0.015** (0.007)
gdpNZ		2.953 (1.980)	3.068 (1.891)		
gdpCHN		−1.233* (0.744)	−1.267* (0.711)		
Constant	0.107*** (0.003)	−38.35 (28.41)	−40.35 (27.14)	0.071*** (0.004)	0.225*** (0.004)

Variable	(1) imNZ_if	(2) imNZ_if	(3) imNZ_if	(4) imNZ_if	(5) imNZ_if
yearFE				No	Yes
commodityFE				Yes	Yes
Commodities				5,570	5,570
R-squared	0.390	0.379	0.426		0.063
Observations	21,144	18,777	18,777	21,143	21,143

注:被解释变量为中新是否进口,括号内为 white 稳健型标准误,∗表示在10%水平上显著,∗∗表示在5%水平上显著,∗∗∗表示在1%水平上显著。

我们在第四列加入年份固定效应,此时 GDP 和时间变量由于共线性被删除,中澳关税减免幅度的回归系数为 0.106,在 1% 水平上显著;最后,我们在第五列同时加入年份和行业固定效应,此时中澳关税减免幅度的回归系数为 0.112,也在 1% 水平上显著。

总体上,中澳关税的减免幅度越大,中国从新西兰进口商品概率的增加越显著,从而表明中澳贸易自由化对中新贸易有显著正向影响。

表 6.8 报告了中澳关税减免幅度对中国从新西兰进口集约边际的影响。其中,第一列是未加入控制变量以及行业年份固定效应的回归,中澳关税减免幅度的回归系数为 0.712,在 1% 水平上显著,表明中澳关税减免幅度越大,中国从新西兰进口商品规模的增加越显著;第二列加入中国和新西兰的 GDP 作为控制变量,此

时中澳关税减免幅度的回归系数为0.758,也在1%水平上显著;
第三列进一步加入中国从澳大利亚进口的集约边际作为控制变
量,此时中澳关税减免幅度的回归系数为0.783,仍然在1%水平
上显著。

表6.8　中澳关税减免幅度对中新进口集约边际的影响

Variable	(1) imNZ	(2) imNZ	(3) imNZ	(4) imNZ	(5) imNZ
Tax×After	0.712*** (0.053)	0.758*** (0.054)	0.783*** (0.050)	0.867*** (0.042)	0.904*** (0.044)
After	−0.104* (0.054)	−5.145 (5.764)	−5.194 (5.353)		
Tax	6.251*** (0.099)	6.092*** (0.100)	4.705*** (0.107)	5.379*** (0.163)	
imAUS			0.249*** (0.007)	0.135*** (0.008)	0.015** (0.007)
gdpNZ		16.11 (20.64)	16.73 (19.18)		
gdpCHN		−6.744 (7.751)	−6.635 (7.198)		
Constant	0.969*** (0.026)	−208.3 (296.4)	−228.4 (275.4)	0.147*** (0.036)	2.125*** (0.042)
yearFE				No	Yes
commodityFE				Yes	Yes
Commodities				5,570	5,570
R-squared	0.358	0.347	0.431		0.058
Observations	21,144	18,777	18,777	21,143	21,143

注:被解释变量为中新进口贸易规模,括号内为white稳健型标准误,* 表示在10%水
平上显著,** 表示在5%水平上显著,*** 表示在1%水平上显著。

我们在第四列加入年份固定效应,此时 GDP 和时间变量由于共线性被删除,中澳关税减免幅度的回归系数为 0.867,在 1%水平上显著;最后,我们在第五列同时加入年份和行业固定效应,此时中澳关税减免幅度的回归系数为 0.904,也在 1%水平上显著。

总体来看,中澳关税减免的幅度越大,中国从新西兰进口商品的规模增加越显著,从而表明中澳贸易自由化对中新贸易有显著正向影响。

类似的,我们也检验了中澳关税减免幅度对中国从新西兰进口贸易增量的影响,表 6.9 报告了回归结果。其中,第一列是未加入控制变量以及行业年份固定效应的回归,中澳关税减免幅度的回归系数为 2.536,在 1%水平上显著;第二列加入中国和新西兰的 GDP 作为控制变量,此时中澳关税减免幅度的回归系数为 2.528,也在 1%水平上显著;第三列进一步加入中国从澳大利亚进口的贸易增量作为控制变量,此时中澳关税减免幅度的回归系数为 2.523,仍然在 1%水平上显著。

表 6.9 中澳关税减免幅度对中新进口贸易增量的影响

$Variable$	(1) $\Delta imNZ$	(2) $\Delta imNZ$	(3) $\Delta imNZ$	(4) $\Delta imNZ$	(5) $\Delta imNZ$
$Tax \times After$	0.680*** (0.0533)	0.676*** (0.0534)	0.674*** (0.0533)	0.679*** (0.0554)	0.730*** (0.0590)

续表

Variable	(1) $\Delta imNZ$	(2) $\Delta imNZ$	(3) $\Delta imNZ$	(4) $\Delta imNZ$	(5) $\Delta imNZ$
After	−0.288*** (0.0472)	−10.25** (4.480)	−10.32** (4.477)		
Tax	0.436*** (0.0725)	0.450*** (0.0736)	0.452*** (0.0736)	0.436*** (0.0483)	
$\Delta imAUS$			0.0172** (0.00684)	0.0169** (0.00770)	0.0167** (0.00829)
gdpNZ		35.27** (16.02)	35.52** (16.01)		
gdpCHN		−13.46** (6.027)	−13.56** (6.023)		
Constant	−0.0932*** (0.0218)	−498.1** (229.7)	−501.5** (229.6)	−0.381*** (0.0412)	0.0368 (0.0366)
yearFE				No	Yes
commodityFE				Yes	Yes
Commodities				5,558	5,558
R-squared	0.028	0.028	0.029		0.017
Observations	20,788	18,659	18,659	20,788	20,788

注：被解释变量为中新进口的贸易增量,括号内为 white 稳健型标准误,＊表示在 10％ 水平上显著,＊＊表示在 5％水平上显著,＊＊＊表示在 1％水平上显著。

我们在第四列加入年份固定效应,此时 GDP 和时间变量由于共线性被删除,中澳关税减免幅度的回归系数为 2.533,在 1％水平上显著;最后,我们在第五列同时加入年份和行业固定效应,此时中澳关税减免幅度的回归系数为 2.520,也在 1％水平上显著。

因此,中澳关税减免幅度越大,中国从新西兰进口商品的贸易增量也越显著增加,这也进一步表明中澳贸易自由化对中新贸易有显著正向影响。

考虑到全球贸易可能的相互影响,我们也对中澳关税减免幅度影响中新贸易做安慰剂检验,表 6.10 报告了中澳关税减免对中新进口集约边际影响的安慰剂检验。

表 6.10　中澳关税减免幅度对中新进口集约边际的影响(安慰剂检验)

Variable	(1) imUS	(2) imEU	(3) imJPN
$Tax \times After$	0.005 (0.033)	−0.011 (0.050)	0.025 (0.040)
$imAUS$	0.029** (0.014)	0.019 (0.013)	0.024** (0.011)
$Constant$	9.931*** (0.089)	12.95*** (0.087)	10.11*** (0.077)
$yearFE$	Yes	Yes	Yes
$commodityFE$	Yes	Yes	Yes
$Commodities$	5,570	5,570	5,570
R-$squared$	0.002	0.117	0.004
$Observations$	21,143	21,143	21,143

注:被解释变量依此为中美、中欧和中日进口的贸易规模,括号内为稳健型标准误, * 表示在 10% 水平上显著, ** 表示在 5% 水平上显著, *** 表示在 1% 水平上显著。

其中,第一至三列的被解释变量依次为中美、中欧和中日进口的集约边际。从中我们可以看到,中澳关税减免幅度对中美进口集约边际和中日进口集约边际的回归系数分别为正,而对中欧进口集约边际的回归系数为负,不过无论是对中美、中欧还是中日进口的集约边际,主要解释变量的回归系数都不显著。这也说明,中澳关税减免仅对中新进口集约边际有显著正面影响,而对中国与其他主要贸易伙伴并无显著影响,从而为中澳贸易自由化促进中国对新西兰的进口提供了更有力的证据。

类似的,表 6.11 报告了中澳关税减免对中新进口贸易增量影响的安慰剂检验。其中,第一至第三列的被解释变量依次为中美、中欧和中日进口的贸易增量。从中我们可以看到,中澳关税减免幅度对中美进口贸易增量的回归系数显著为负,而对中欧进口贸易增量和中日进口贸易增量的回归系数为负但不显著,总体上,无论是对中美、中欧还是中日进口的贸易增量,主要解释变量的回归系数都不显著为正。这也说明,中澳关税减免的程度仅对中新进口贸易增量具有显著正面影响,而对中国与其他主要贸易伙伴并无显著影响。

表 6.11 中澳关税减免幅度对中新进口贸易增量的影响(安慰剂检验)

Variable	(1) $\Delta imUS$	(2) $\Delta imEU$	(3) $\Delta imJPN$
$Tax \times After$	-0.071^{**} (0.036)	-0.024 (0.050)	-0.009 (0.039)
$\Delta imAUS$	0.010 (0.007)	0.008 (0.008)	0.009 (0.007)

续表

Variable	(1) $\Delta imUS$	(2) $\Delta imEU$	(3) $\Delta imJPN$
Constant	−0.032 (0.030)	−0.067 (0.044)	−0.141*** (0.034)
yearFE	Yes	Yes	Yes
commodityFE	Yes	Yes	Yes
Commodities	5,558	5,558	5,558
R-squared	0.001	0.076	0.002
Observations	20,788	20,788	20,788

注：被解释变量依次为中美、中欧和中日进口的贸易增量,括号内为 white 稳健型标准误,* 表示在 10% 水平上显著,* * 表示在 5% 水平上显著,* * * 表示在 1% 水平上显著。

最后,表 6.12 报告了中澳关税减免幅度对中新进口扩展边际影响的安慰剂检验。其中,第一至三列的被解释变量依次为中美、中欧和中日进口的扩展边际。从中我们可以看到,中澳关税减免幅度对中欧进口扩展边际的回归系数显著为负,对中美进口扩展边际的回归系数为负不显著,对中日进口扩展边际的回归系数均为正也不显著,总体上,无论是对中美、中欧还是中日进口的扩展边际,主要解释变量的回归系数都不显著为正。这也说明,中澳关税减免的程度越大,对中新进口扩展边际的正面影响越显著,但是对中国与其他主要贸易伙伴并无显著影响。

表 6.12　中澳关税减免幅度对中新进口贸易扩展边际的影响(安慰剂检验)

Variable	(1) imUS_if	(2) imEU_if	(3) imJPN_if
Tax×After	−0.003 (0.003)	−0.007*** (0.003)	0.001 (0.003)
imAUS_if	0.012 (0.009)	0.011 (0.008)	0.011 (0.009)
Constant	0.751*** (0.006)	0.796*** (0.006)	0.728*** (0.006)
yearFE	Yes	Yes	Yes
commodityFE	Yes	Yes	Yes
Commodities	5,570	5,570	5,570
R-squared	0.001	0.007	0.001
Observations	21,143	21,143	21,143

注：被解释变量依次为中美、中欧和中日是否进口，括号内为稳健型标准误，＊表示在10%水平上显著，＊＊表示在5%水平上显著，＊＊＊表示在1%水平上显著。

综上所述,我们基于中澳关税减免幅度的实证结果显示,中澳关税减免的程度越大,对于中新进口的扩展边际、集约边际和贸易增量的促进作用越显著。安慰剂结果则显示,中澳关税减免的程度对于中美、中欧和中日进口的扩展边际、集约边际和贸易增量都无显著促进作用。因此,中澳关税减免对中新进口有明显正面作用,中澳贸易自由化对于中新贸易有显著促进影响。

6.6 本章小结

由于气候、地理、环境等原因,新西兰和澳大利亚总体在资源禀赋上比较接近,两国在国际分工和贸易地位上有一定的重叠。考虑到澳大利亚的经济体量远超新西兰,中澳贸易的规模也远高于中新贸易规模,中澳贸易自由化可能会对中新贸易产生一定的影响。

对于贸易自由化的溢出效应,前期研究还存在一定争议。而我们此前基于中澳贸易和中新贸易的比较分析、GTAP 模拟影响以及基于面板数据的实证检验结果都显示,中澳贸易似乎对中新贸易存在一定的互补性影响。考虑到中澳自贸协定对于不同行业的关税减免存在差异,本章我们采用双重差分模型直接检验了中澳贸易自由化对中新贸易的影响。

首先,我们基于双重差分模型对中澳关税削减与中新贸易的关系进行了事件分析,结果显示无论是中国对新西兰商品的是否进口、进口规模以及贸易增量,在中澳实施关税削减后的中新贸易与基准期相比均有显著提升,而其余时间的中新贸易与基准期相比并无显著差异。接着,我们进一步实证检验了中澳关税削减对中新贸易的影响,结果发现对于中新是否进口、进口规模以及贸易增量,中澳关税削减都显著促进了中新贸易,同时中澳关税削减对中美、中欧以及中日贸易都无显著影响。最后,我们检验了中澳关税削减幅度对中新贸易的影响,结果发现对于中新是否进口、进口规模以及贸易增量,中澳关税削减幅度越大,中新贸易的增长越显著,同时中澳关税削减幅度对中美、中欧以及中日贸易也都无显著影响。

本章的实证结果表明中澳关税减免对中新进口有明显正面作用,从而为中澳贸易自由化促进中新贸易提供了直接的经验证据。本章的结论对贸易自由化的研究具有重要意义,它在一定程度上表明贸易自由化很可能会有正的溢出效应。特别是考虑到中国潜在的消费能力,多元化的消费需求可能会因贸易自由化而刺激新的消费需求,这对中国以及有关国家的贸易政策制定和实施都有一定的借鉴意义。

7

结论与政策建议

7.1 本书结论

新西兰和澳大利亚同属于大洋洲,由于气候、地理、环境等原因,两国的资源禀赋相对比较接近,在国际分工和贸易地位上存在一定的重叠。2015年6月中国与澳大利亚正式签署双边自由贸易协定。考虑到澳大利亚的经济体量远超新西兰,中澳贸易的规模也远高于中新贸易规模,中澳贸易自由化可能会对中新贸易产生一定影响。

通过对前期文献和相关理论的梳理,我们发现,目前已有的贸易自由化研究主要关注对参与国的影响,而对于双边和多边贸易自由化的溢出效应分析也基本考虑竞争性作用,较少从进口的需求角度考虑其影响。具体到对中国的研究,此前的文献也更多关注中国与欧美日等传统发达国家的贸易关系,对于中国与新西兰以及中国与澳大利亚的贸易研究相对少些。

因此,本书重点研究了中澳贸易自由化的影响,具体包括中新与中澳贸易的比较分析、中澳贸易自由化的 GTAP 模拟分析、中澳贸易对中新贸易影响的实证检验以及中澳关税削减对中新贸易影响的双重差分检验。通过以上的分析,本书得到如下基本结论:

首先,同 1989 年相比,中新与中澳 2015 年的贸易规模均有数十倍的增长。由于经济体量的明显差异,中澳的贸易规模要明显高于中新贸易规模。不过,中新和中澳贸易的整体趋势基本保持的同向变化趋势,都保持了长期高速增长,并在最近几年因中国经济放缓而有所下降。

从行业上看,新西兰和澳大利亚从中国进口的商品主要为轻工业和部分重工业产品。新西兰对中国出口的前十位商品都是农产品,而澳大利亚对中国出口最多的是矿产以及能源产品,但除此以外澳大利亚对中国的出口商品与新西兰有较大重叠。

显示性比较优势指数分析表明,新西兰和澳大利亚对中国出口的都是其最具有比较优势的产品。从贸易强度指数上看,澳大利亚对中国的整体贸易强度指数、进口强度指数以及出口强度指数都要高于新西兰对中国的贸易指数,这也表明中澳之间的贸易联系要比中新更为紧密。不过两国与中国贸易强度指数的趋势是非常一致的。

其次，我们基于可计算一般均衡模型模拟分析中澳贸易自由化对各国经济、贸易、产出和福利的影响。根据最新 GTAP 数据库模拟的结果，我们发现中澳贸易自由化会使中国、新西兰以及澳大利亚的 GDP 产生小幅增长，对其他国家与地区的影响则非常小。中新澳三国的进出口总量以及福利水平均有明显上升，而由于贸易自由化中可能的贸易转移效应，其余有些国家的贸易和福利水平会有小幅下降。

从行业产出上看，新西兰的乳制品以及澳大利亚的羊毛制品产出将会出现明显上升，中国的羊毛制品和乳制品产出下降，纺织品产出则有所上升。出口方面，中国的纺织品、机械与电子制品、澳大利亚的羊毛制品以及新西兰的乳制品将会提升。中国进口增幅最大的是对新西兰的乳制品和澳大利亚的羊毛制品。

总体来看，中新澳三国的进出口在中澳贸易自由化之后存在普遍上升的趋势，GTAP 模拟的结果表明中澳贸易自由化并没有对中新贸易带来负面影响，中澳贸易自由化对新西兰的经济、产出、福利水平以及中新贸易水平均有一定的促进作用。

接下来，我们实证检验了中澳贸易对中新贸易的影响。基于 1996—2015 年的 UN Comtrade 贸易数据，我们采用引力模型，并通过基准回归分析、考虑其他贸易伙伴影响的分析,不同子样本回归分析、稳健性检验分析、贸易额差分检验分析以及工具变量回归分析等一系列实证研究,详细检验了中澳贸易对中新贸易的影响。

我们的实证结果显示:中国对澳大利亚出口贸易额的增加会推动中国对新西兰的出口贸易额的增加,而中国对澳大利亚进口贸易额的增加也会推动中国对新西兰的进口贸易额的增加。总体来说,中澳贸易对中新贸易确实存在一定的互补性影响。这一实证结果不仅为中澳贸易与中新贸易关系的描述性统计提供了更强的证据,也为中澳贸易自由化对中新贸易影响提供了重要的经验支持。

最后,考虑到中澳自贸协定对于不同行业的关税减免存在差异,我们采用双重差分模型直接检验中澳贸易自由化对中新贸易的影响。我们先是基于双重差分模型对中澳关税削减与中新贸易的关系进行了事件分析,结果显示无论是中国对新西兰商品的是否进口、进口规模以及贸易增量,在中澳实施关税削减后的中新贸易与基准期相比均有显著提升,而其余时间的中新贸易与基准期相比并无显著差异。

此后,我们进一步实证检验了中澳关税削减对中新贸易的影响,结果发现对于中新是否进口、进口规模以及贸易增量,中澳关税削减都显著促进了中新贸易,同时中澳关税削减对中美、中欧以及中日贸易都无显著影响。最后,我们检验了中澳关税削减幅度对中新贸易的影响,结果发现对于中新是否进口、进口规模以及贸易增量,中澳关税削减幅度越大,中新贸易的增长越显著,同时中澳关税削减幅度对中美、中欧以及中日贸易也都无显著影响。总的来说,双重差分的结果表明中澳关税减免对中新进口有明显正面作用,从而为中澳贸易自由化促进中新贸易提供了直接的经验证据。

7.2 政策建议

近年来,全球范围的经贸合作不断加强,各种双边和多边自贸区的建立使得人们越来越关注自贸区的潜在影响。本书基于中澳贸易自由化的研究表明,至少它对比较优势接近的新西兰不会产生显著负面影响,而且还会促进中新贸易的发展。当前人们的消费需求趋于多元化,贸易自由化很可能刺激产生新的消费需求,这对中国、新西兰以及澳大利亚等其他国家的贸易政策制定和实施也都有一定借鉴意义。

根据本书的研究结果,对新西兰方面提出以下政策建议:

第一,新西兰政府应对本国企业与民众进行中国与澳大利亚之间的自由贸易对新西兰实属有益的宣传教育。绝大多数新西兰本土企业以及民众并不需要对中澳自由贸易协定产生担忧,中澳之间贸易的增加并没有对新西兰造成伤害。

第二,新西兰方面应当在保持自身优势产品特质的以及国家纯净的形象的同时逐渐弱化其他本国与澳大利亚同质化产品的竞争关系。新西兰应当积极与澳大利亚方面进行合作,在现在中新澳三边自贸的新环境下,以"大洋洲产品"的模式与澳大利亚共同开发广阔的中国市场是新西兰的最优选择。

第三,新西兰应在不影响本国其他方面的情况下,适当放宽对中国公民的签证管制。不管是中国公民赴新西兰旅游人数的上升或是在新常住中国公民数量的上升都会对大洋洲产品在中国的认知以及曝光度提高产生推动作用。

第四,在行业层面新西兰应加大与澳大利亚的合作,例如新西兰乳业协会可与澳大利亚相应组织共同探讨大洋洲乳制品在中国市场的营销活动。

第五,中新中澳自贸区应继续加大关税削减幅度,以尽快实质上达成中新澳三国自由贸易区。

参考文献

[1] Anderson, E. & van Wincoop, E. , (2003), "Gravity with gravitas: a solution to the border puzzle"[J]. *American Economic Review*, Vol. 93, *No.* (*1*)pp. 170 – 192.

[2] Aitken N. , (1973), "The effect of the EEC and EFTA on European trade: A temporal cross-section analysis. "[J]. *The American Economic Review*, Vol. 63(5), pp. 881 – 892.

[3] Baier, S. & Bergstrand, J. , (2009), "Bonus vetus OLS: A simple method for approximating international trade-cost effectsusing the gravity equation?"[J]. *Journal of International Economics*, Vol. 77, pp. 77 – 85.

[4] Baier, S. & Bergstrand, J. , (2007), "Do free trade agreements actually increase members' international trade?" [J]. *Journal of International Economics*, Vol. 71, pp. 72 – 95.

[5] Bagwell, K. & Staiger, R. , (1997), "Multilateral Tariff Cooperation during the Formation of Custom Unions"[J]. *Journal of International Economics*, Vol. 42, pp. 94 – 123.

[6] Balassa, B. , (1965), "Trade Liberalisation and Revealed Comparative Advantage"[J]. *The Manchester School*, Vol. 33(2), pp. 99 – 123.

[7] Balassa B., (1967), "Trade creation and trade diversion in the European Common Market."[J]. *The Economic Journal*, Vol. 77(305), pp. 1–21.

[8] Baldwin, R., (2003), "The Spoke Trap: Hud and Spoke Bilateralism in East Asia"[J]. *Korea Institute for International Economic Policy Working Paper*.

[9] Baldwin, R. & Jaimovich, D., (2012), "Are Free Trade Agreements contagious?"[J]. *Journal of International Economics*, pp. 1–16.

[10] Baldwin R. & Venables A., (1995), "Regional economic integration. Handbook of international economics", Vol. 3 pp. 1597–1644.

[11] Bano, S., (2012), "The Export Growth and Revealed Comparative Advantage of the New Zealand Kiwifruit Industry"[J]. *International Business Research*, Vol. 5(2), pp. 73–82.

[12] Bano, S., (2014), "An Empirical Examination of Trade Relations between New Zealand and China in the Context of a Free Trade Agreement", *UNIVERSITY OF WAIKATO Working Paper in Economics*, pp. 1–41.

[13] Bano, S., (2002), "Intra-industry trade and trade intensities: Evidence from New Zealand. Evidence from New Zealand"[J]. *Department of Economics Working Paper Series*, Vol. 5(02).

[14] Bhagwati J. & Panagariya A., (1996), "The theory of preferential trade agreements: historical evolution and current trends"[J]. *The American Economic Review*, Vol. 86(2), pp. 82–87.

[15] Bhattacharya, S. & Bhattacharyay B., (2006), "Free Trade Agreement between People's Republic of China and India: Likely Impact and Its Implications to Asian Economic Community", *ADB Institute Discussion Paper*, No. 59.

[16] Brockmeier, M., (2001), "A Graphical Exposition of the GTAP Model", *GTAP Technical Papers*, No. 8, pp. 4–19.

[17] Burfisher, M. E., (2011), "Introduction to Computable General

Equilibrium Models", *Cambridge University Press*, Cambridge.

[18] Carrere, C., (2006), "Revisiting the effects of regional tradeagreements on trade flows with proper specification of the gravity model"[J]. *European Economic Review*, Vol 50. , pp. 223 – 247.

[19] Chen, M. X. &. Joshi, S. (2010), "Third-country effects on the formation of free trade agreements"[J]. *Journal of International Economics*, Vol. 82, pp. 238 – 248.

[20] Cheng, D. (2008), "A Chinese Perspective on the China-Australia Free Trade Agreement and Policy Suggestions"[J]. *Economic Papers*, Vol. 27(1), pp. 30 – 40.

[21] Coulibaly, S. , (2009), "Evaluating the Trade Effect of Developing Regional Trade Agreements: a Semi-Parametric Approach"[J]. *Journal of Economic Integration*, Vol. 24(4), pp. 709 – 743.

[22] De Melo J. , Panagariya A. , &. Rodrik D. , (1993), "The new regionalism: a country perspective."[J]. *World Bank Publications*, Vol. 715.

[23] Disdier A, Head K. , (2008), "The puzzling persistence of the distance effect on bilateral trade"[J]. *The Review of Economics and statistics*, Vol. 90(1), pp. 37 – 48.

[24] Fally, T. , (2015), "Structural gravity and fixed effects"[J]. *Journal of International Economics*, Vol. 97(1), pp. 76 – 85.

[25] Feenstra, R. , (2004), "Advanced International Trade: Theory and Evidence", Princeton University Press, Princeton, NJ.

[26] Findlay, C. &. Song, L. , (1996), "The China-Australia Commodity Trade: 1985 – 94", *Australia and China: Partners in Asia*, Macmillan Education AU, pp. 90 – 111.

[27] Fitzsimons, G. M. , Chartrand, T. L. , & Fitzsimons, G. J. , "Automatic Effects of Brand Exposure on Motivated Behavior: How Apple Makes You 'Think Different'"[J]. *Journal of Consumer Research*, Vol. 35, pp. 21 – 35.

[28] Frankel，J. A. & Romer，D.，(1999)，"Does Trade Cause Growth?" [J]. *The American Economic Review*，Vol. 89(3)，pp. 379 - 399.

[29] Freund C.，(2000)，"Multilateralism and the endogenous formation of preferential trade agreements." [J]. *Journal of International Economics*，Vol. 52(2)，pp. 359 - 376.

[30] Furusawa T. & Konishi H.，(2007)，"Free trade networks" [J]. *Journal of International Economics*，2007，Vol. 72(2)，pp. 310 - 335.

[31] Gaston，N. & Trefler，D.，(1997)，"The Labour Market Consequences of the Canada-U. S. Free Trade Agreement" [J]. *The Canadian Journal of Economics*，Vol. 30(1)，pp. 18 - 41.

[32] Genc，M.，Gheasi，M.，Nijkamp，P. & Poot，J.，(2011)，"The Impact of Immigration on International Trade: A Meta-Analysis"，*IZA Discussion Papers*，No. 6145，pp. 1 - 35.

[33] Ghosh，S. & Yamarik，S.，(2004)，"Are reguinal trading arrangements Trade Creating? An Application of Extreme Bound Analysis" [J]. *Journal of International Economics*，Vol. 63(2)，pp. 369 - 395.

[34] Gould，D.，(1994)，"Immigrant Links to the Home Country Empirical Implication for US Bilateral Trade Flows" [J]. *Review of Economics and Statistics*，Vol. 76(2) pp. 302 - 316.

[35] Grief，A.，(1993)，"Contract Enforceability and Economic Institution in Early Trade: The Maghribi Trades Coalition" [J]. *American Economic Review*，Vol. 83(3) pp. 525 - 548.

[36] Hamlin，R. & Leith，K.，2006，"Studying the country-of-origin cue in action: An experimental examination of wine evaluations in the United Kingdom and New Zealand" [J]. *Place Branding and Public Diplomacy*，Vol. 2(4)，pp. 311 - 320.

[37] Head K & Ries J.，(1998)，"Immigration and trade creation: econometric evidence from Canada" [J]. *Canadian journal of economics*，pp. 47 - 62.

[38] Helpman，E.，Melitz，M. & Rubinstein，Y.，(2008)，"Estimating

Trade Flows: Trading Partners and Trading Volumes"[J]. *Quterly Journal of Economics*, Vol. 123(2) pp. 441 – 487.

[39] Heng T & Low L., (1993), "Is the ASEAN free trade area a second best option?"[J]. *Asian Economic Journal*, Vol. 7(3), pp. 275 – 298.

[40] Hertel, T. W., (1997), "Global Trade Analysis: Modeling and Application"[J]. *Cambridge University Press*, Cambridge.

[41] Hyde M., (2015), "Key Agricultural outcomes of recent free trade agreements"[J]. *Agricultural Commodities*, Vol. 5(1), pp. 23 – 33.

[42] Ianchovichina, E., & Walmsley, T. L., (2003). The impact of China's WTO accession on East Asia. *World Bank Publications*, Vol. 3109.

[43] Jiang, Y., (2008), "Australia-China FTA: China's domestic politics and the roots of different national approaches to FTAs"[J]. *Australian Journal of International Affairs*, Vol. 62(2), pp. 179 – 195.

[44] Ju, J. & Krishna, K., (1996), "Market Access and Welfare Effects of Free", *NBER Working Paper Series*, pp. 1 – 25.

[45] Ju, J. & Krishna, K., (2000), "Welfare and market access effects of piecemeal tariff reform"[J]. *Journal of International Economics*, Vol. 51(2), pp. 305 – 316.

[46] Kennan J & Riezman R., (1990), "Optimal tariff equilibria with customs unions"[J]. *Canadian Journal of Economics*, pp. 70 – 83.

[47] Kojima, K., (1964), "The pattern of international trade among advanced countries"[J]. *Hitotsubashi Journal of Economics*, Vol. 5 (1), pp. 16 – 36.

[48] Krueger, A. O., (1997), "Free trade agreements versus customs unions" [J]. *Journal of Development Economics*, Vol. 54, pp. 169 – 187.

[49] Krugman, P. R., (1980), "Scale economies, product differentiation, and the patterns of trade"[J]. *American Economic Review*, Vol. 70, pp. 950 – 959.

[50] Kulendran, N. & Wilson, K., (2000), "Is There a Relationship

Between International Trade and International Travel?"[J]. *Applied Economics*, Vol. 32(8), pp. 1001 – 1009.

[51] Lawrence, R. Z. , (2000), Regionalism, Multilateralism, and Deeper Integration, Harrisonburg, Virginia: R. R Donnelley and Sons Co. , VA.

[52] Leahy A. , Maclaren D. , Morgan D. , Weatherall K. , Webster E. , & Yong, J. , (2008), "In the Shadow of the China-Australia FTA Negotiations: What Australian Business Thinks About IP" [J]. *Economic Papers*, Vol. 27(1), pp. 1 – 18.

[53] Linder, S. B. , (1961), An essay on trade and transformation, New York: Wiley, NY.

[54] Lipsey, R. G. , (1960), "The Theory of Customs Unions: A General Survey"[J]. *The Economic Journal*, Vol. 70(279), pp. 496 – 513.

[55] Mai Y. , Adams P. , Fan M. , Li R. , & Zheng, Z. , (2005), "MODELLING THE POTENTIAL BENEFITS OF AN AUSTRALIA-CHINA FREE TRADE AGREEMENT"[J]. *An Independent Report Prepared for: The Australia-China FTA Feasibility Study*, pp. 1 – 81.

[56] Martinez-Zarzoso I. , (2003), "Gravity model: An application to trade between regional blocs"[J]. *Atlantic Economic Journal*, Vol. 31(2), pp. 174 – 187.

[57] Meade, J. , (1955), The Theory of Customs Union, Amsterdam: North-Holland.

[58] Melitz, M. J. , (2003), "The Impact of Trade on Intra-Industry Reallocations and Aggregate Industry Productivity"[J]. *Econometrica*, Vol. 71(6), pp. 1695 – 1725.

[59] Mundra, K. , (2014), "Immigration and Trade Creation for the United States: Role of Immigrant Occupation"[J]. *The International Trade Journal*, Vol. 28(4) pp. 311 – 343.

[60] Nijkamp P, Wang S, Kremers H. "Modeling the impacts of international climate change policies in a CGE context: The use of the

GTAP-E model. "[J]. *Economic Modelling*, Vol. 22(6), pp. 955 – 974.

[61] New Zealand Treasury, (2010), "The Economy of New Zealand: Overview", New Zealand Economic and Financial Overview.

[62] Patterson, P. & Tai, S., (1991), "Consumer Perceptions of Country of Origin in the Australian Apparel Industry"[J]. *Marketing Bulletin*, Vol. 2 pp. 31 – 40.

[63] Peri, G., & Requena, F., (2010), "The Trade Creation Effect of Immigrants: Evidence from the Remarkable Case of Spain" [J]. *Canadian Journal of Economics*, Vol. 43(4), pp. 1433 – 1459.

[64] Piperakis A. & Milner C., (2003), "Wright P W. Immigration, trade costs, and trade: gravity evidence for Greece"[J]. *Journal of Economic Integration*, pp. 750 – 762.

[65] Rauch, J., & Trindade, V., (2002), "Ethnic Chinese Networks in International Trade" [J]. *The Review of Economics and Statistics*, Vol. 84(1), pp. 116 – 130.

[66] Richardson, M., (1995), "Tariff Revenue Competition in a Free Trade Area"[J]. *European Economic Review*, Vol. 39, pp. 1429 – 1437.

[67] Rose A., (2000), "One money, one market: the effect of common currencies on trade. "[J]. *Economic policy*, Vol. 15(30), pp. 8 – 45.

[68] Safadi, R. & Yeats, A., (1993), "The North American Free Trade Agreements: Its Effect on South Asia" [J]. *World Bank: Policy Research Working Paper*, pp. 1 – 32.

[69] Saggi, K. & Yildiz, M., (2011), "Bilateral Trade Agreements and the Feasibility of Multilateral Free Trade" [J]. *Review of International Economics*, Vol. 19(2), pp. 356 – 373.

[70] Samuelson, P., (1948), "International Trade and the Equalisation of Factor Prices" [J]. *The Economic Journal*, Vol. 58 (230), pp. 163 – 184.

[71] Satheesh, A. & Russle, T., (2003), "Does Tourism Promite Corss Boarder Trade?"[J]. *Social Science Electronic Publishing*, Vol. 85(3),

pp. 569 – 579.

[72] Sheng, Y. & Song, L., (2008), "Comparative Advantage and Australia-China Bilateral Trade"[J]. *Economic Papers*, Vol. 27 No. 1, pp. 41 – 56.

[73] Silva, S. & Tenreyro, S., (2006), "The Log of Gravity"[J]. *The Reviews of Economics and Statistics*, Vol. 88 No. 4, pp. 641 – 658.

[74] Siriwardana, M. & Yang, J., (2008), "GTAP Model Analysis of the Economic Effects of an Australia China FTA: Welfare and Sectoral Aspects"[J]. *Global Economic Review*, Vol. 37(3), pp. 341 – 362.

[75] Siriwardana, M., (2006), "Australia's involvement in free trade agreements: An economic evaluation"[J]. *Global Economic Review*, Vol 35 No. 1, pp. 3 – 20.

[76] Smith, A., (1776), An inquiry into the nature and causes of the wealth of nations: Volume One, London: W. Strahan; and T. Cadell.

[77] Soloaga I. & Wintersb L., (2001), "Regionalism in the nineties: What effect on trade?"[J]. *The North American Journal of Economics and Finance*, Vol. 12(1), pp. 1 – 29.

[78] Tan, H. & Cai, L., (2010), "Quantitative Analysis on the Impact of China-New Zealand FTA on Both Sides' Economies"[J]. *International Review of Business Research Papers*, Vol. 6(6), pp. 132 – 140.

[79] Tcha, M. & Wright, D., (1999), "Determinants of China's Import Demand for Australia's Iron Ore"[J]. *Resources Policy*, Vol. 25, pp. 143 – 149.

[80] Trade NZ, New Zealand Ministry of Foreign Affairs and Trade. (2011), " Improving Access to Markets: Agriculture ", New Zealand Government.

[81] Trade NZ, New Zealand Ministry of Forign Affair and Trade. (2005), "A joint study report on a free trade agreement between China and New Zealand", New Zealand Government.

[82] Trefler, D., (1993), " Trade Liberalization and the Theory of

Endogenous Protection: An Econometric Study of U. S. Import Policy" [J]. *Journal of Political Economy*, Vol. 101(1), pp. 138 - 160.

[83] Trefler, D., (1995), "The Case of the Missing Trade and Other Mysteries"[J]. *American Economic Review*, Vol. 85(5) pp. 61 - 69.

[84] Van Hoa, T., (2008), "AUSTRALIA-CHINA FREE TRADE AGREEMENT: CAUSAL EMPIRICS AND POLITICAL ECONOMY" [J]. *Economic Papers: A journal of applied economics and policy*, Vol. 26(1), pp. 19 - 29.

[85] Viner, J., (1950), The Customs Union Issues, New York: Carnegie Endowment for International Peace, NY.

[86] Wang Q., Parsons R., & Zhang, G., (2010), "China's Dairy Markets: Trends, disparities and implications for trade"[J]. *China Agricultural Economic Review*, Vol. 2(3), pp. 356 - 371.

[87] Wang Z. The impact of China's WTO accession on patterns of world trade[J]. *Journal of Policy Modeling*, 2003,25(1): 1 - 41.

[88] World Trade Organization, (2008), "Regional Trade Agreements Notified to the GATT/WTO and in Force",*WTO Report*, Vol. 12.

[89] Yu W., Cheng G., & Yang, J. (2010),"Impact of Sino-Australia Free Trade Agreement's talks on China's Dairy Industry"[J]. *Agriculture and Agricultural Science Procedia*, Vol. 1, pp. 469 - 476.

[90] Zhao, X. & Wu, Y. (2007), "Determinants of China's energy imports: An empirical analysis"[J]. *Energy Policy*, Vol. 35, pp. 4235 - 4246.

[91] 蔡海龙."中澳农产品贸易特征、趋势及建议",国际经济合作[J]. 2012 年第 4 期,64—67 页。

[92] 杜运苏."中国——澳大利亚制成品贸易的实证研究",亚太经济[J]. 2007 年第 2 期,39—42 页。

[93] 樊莹."中国——新西兰自由贸易区的经济效应展望",外交评论[J]. 2005 年第 83 期,84—91 页。

[94] 贾利军."中澳贸易关系的互补性及推进策略",未来与发展[J]. 2011 年第 1 期,6—10 页。

［95］ 郭丹丹,陶红军."GTAP 模型在区域经济一体化效应分析中的应用",湖南农业大学学报(社会科学版)[J].2011 年第 1 期,67—72 页。

［96］ 李碧芳,肖辉."中澳自由贸易区对中国农产品出口的影响分析",江苏农业科学[J].2010 年第 3 期,5—7 页。

［97］ 李丽,邵兵家、陈迅."中国—新西兰自由贸易区的构建对双方经济影响的计量研究",国际贸易问题[J].2008 年第 1 期,46—54 页。

［98］ 凌振春."中澳农产品贸易互补性与竞争性分析",上海经济研究[J].2006 年第 11 期,66—72 页。

［99］ 刘李峰,刘合光."中国—澳大利亚农产品贸易现状及前景分析",世界经济研究[J].2006 年第 5 期,45—50 页。

［100］ 刘李峰,武拉平."中国与新西兰签署自由贸易协定对双边农产品贸易的影响研究",当代亚太[J].2006 年第 10 期,55—62 页。

［101］ 刘育红,王曦."新丝绸之路经济带交通基础设施与区域经济一体化——基于引力模型的实证研究,"西安交通大学学报(社会科学版)[J].2014 年第 2 期,43—48 页。

［102］ 刘祥艳,蒋依依、李玉婷."内地相关出入境旅游与进出口货物贸易之间的相互影响——基于 VECM 模型的实证分析",商业研究[J].2016 年第 2 期,117—124 页。

［103］ 裴长洪."进口贸易结构与经济增长：规律与启示",经济研究[J].2013 年第 7 期,4—10 页。

［104］ 彭秀芬."中国—新西兰自由贸易区建设对我国乳业发展的影响",国际贸易问题[J].2009 年第 1 期,54—60 页

［105］ 邵桂兰,王仕勤."中国和澳大利亚农水产品产业内贸易实证分析",中国海洋大学学报(社会科学版)[J].2011 年第 1 期,46—51 页。

［106］ 田泽,郑秀,刘晓文."丝绸之路经济带背景下的中澳贸易合作竞争性与互补性研究",开发研究[J].2016 年第 3 期,6—9 页。

［107］ 王璠."中澳 FTA 谈判进展问题分析",世界经济与政治论坛[J].2010 年第 6 期,69—78 页。

［108］ 王艳红."中国—新西兰自由贸易协定的影响与经济效益分析",亚太经济[J].2009 年第 3 期,48—51 页。

[109] 王岩,高鹤."中国于新西兰 FTA 建立前后双边货物贸易比较",商业研究[J].2012 年第 9 期,190—196 页。

[110] 杨军,黄季焜,仇焕广."建立中国和澳大利亚自由贸易区的经济影响分析及政策建议",国际贸易问题[J]. 第 11 期,2005 年第 11 期,65—70 页。

[111] 曾倩,邱晓丹."建立中国—澳大利亚自由贸易区的现实基础与影响分析",中国商贸[J].2011 年第 8 期,195—198 页。

[112] 张寒,聂影."中国和新西兰货物贸易:动态和展望",国际贸易问题[J].2008 年第 9 期,52—57 页。

[113] 张华."休谟的自由贸易理论探析",中南大学学报(社会科学版)[J].2011 年第 3 期,26—29 页。

[114] 张光南,陈坤铭,杨书菲."ECFA 对两岸三地的经济、贸易和产业影响——基于全球贸易分析模型 GTAP 的分析",经济学(季刊)[J].2012 年第 3 期,873—890 页。

[115] 张光南,邱杰宏,陈坤铭."中国内地和中国香港的贸易自由化效应研究——基于全球贸易分析模型 GTAP 的分析"[J]. 国际贸易问题,2011 年第 9 期,57—64 页。

[116] 张跃,刘恩财."中澳农产品贸易的竞争性问题探讨",广东农业科学[J].2013 年第 4 期,233—236 页。

[117] 张燕,高志刚."中澳自贸区贸易潜力的引力模型分析",黑龙江八一大学学报[J].2015 年第 4 期,117—122 页。

[118] 周曙东,吴强,胡冰川,崔奇峰."中国—澳大利亚自由贸易区建设的经济影响分析",农业技术经济[J].2006 年第 6 期,19—23 页。

[119] 赵多平,孙根年,苏建军."欧洲 7 国入境中国旅游与进出口贸易的关系:1985—2009 年的协整分析和 Granger 因果关系检验",世界地理研究[J].2011 年第 4 期,121—133 页。

[120] 赵颖."东亚贸易模式转型与东亚区域经济一体化——基于 VAR 模型的实证检验",中国物价[J].2015 年第 4 期,26—28 页。

图书在版编目(CIP)数据

中澳 FTA 对中新贸易的影响研究/孙人极著.—上海:上海三联书店,2021.4
ISBN 978-7-5426-7137-0

Ⅰ.①中… Ⅱ.①孙… Ⅲ.①自由贸易-影响-国际贸易-贸易合作-研究-中国、新西兰 Ⅳ.①F752.761.2

中国版本图书馆 CIP 数据核字(2020)第 147533 号

中澳 FTA 对中新贸易的影响研究

著　　者 / 孙人极

责任编辑 / 朱静蔚
装帧设计 / 徐　炜
监　　制 / 姚　军
责任校对 / 林佳依

出版发行 / 上海三联书店
　　　　　(200030)中国上海市漕溪北路 331 号 A 座 6 楼
邮购电话 / 021-22895540
印　　刷 / 上海惠敦印务科技有限公司

版　　次 / 2021 年 4 月第 1 版
印　　次 / 2021 年 4 月第 1 次印刷
开　　本 / 890×1240　1/32
字　　数 / 150 千字
印　　张 / 6.875
书　　号 / ISBN 978-7-5426-7137-0/F・819
定　　价 / 58.00 元

敬启读者,如发现本书有印装质量问题,请与印刷厂联系 021-63779028